AF473598

CHRONOGRAPHIE,

OU

DESCRIPTION
DES TEMS;

CONTENANT TOUTE LA SUITE *des Souverains de l'Univers, & des principaux événemens de chaque Siécle, depuis la Création du Monde jusqu'à présent;*

EN TRENTE-CINQ PLANCHES gravées en Taille-douce, & réunies en une Machine d'un usage facile & commode.

Par M. BARBEU DUBOURG, *Docteur en Médecine, & Professeur de Pharmacie en l'Université de Paris.*

A PARIS;

Chez { L'AUTEUR, rue Saint Benoît, à côté de l'Abbaye Saint Germain.
LAMOTE, rue saint Denis, vis-à-vis la rue des Lombards, à la Croix d'or.
Et FLEURY, Marchand Tapissier, à l'Estrapade.

1753.

Avec Approbation & Privilége du Roi.

Prix en feuilles 12 l. avec la Machine 15 ou 18 l.

DISCOURS
PRÉLIMINAIRE.

E goût de l'Histoire est naturel à tous les hommes, & son utilité est peut-être la chose du monde qui a le moins été contestée. En effet qu'est-ce que l'Histoire? C'est le Recueil de tout ce que les yeux ont vû, de tout ce que les oreilles ont entendu; c'est une Ecole enchantée, où l'on s'instruit aux dépens de ses Maîtres, où l'on censure les autres sans se compromettre, où l'on apprend tout à la fois à juger le passé, à discerner le présent, & à prévoir l'avenir, où l'on fonde son expérience sur celle de tous les tems, de tous les pays, de tous les âges & de tous les états de la vie, enfin où à mesure que la raison se développe & que l'esprit s'ouvre à la vérité, les mœurs s'adoucissent & le cœur s'attache solidement à la vertu.

Voilà ce qu'est l'Histoire en général; mais ce vaste Champ demande quelque culture, & comme il n'a pas reçu la meme dans toutes ses parties, on ne doit pas être étonné que ses productions soient si différentes. Ici vous voyez des fleurs charmantes, là des fruits délicieux, ailleurs l'yvraye est confondue avec le froment, & plus loin ce n'est qu'un sol aride & inculte.

Si cette variété même a droit de plaire à beaucoup de gens, il n'en est pas moins vrai que la différence du bon & du mauvais se fait bientôt sentir à tout le monde, le Vulgaire même la saisit tôt ou tard, & le Sage ne s'y méprend jamais.

Quelques Traditions confuses & indigestes peuvent tenir lieu d'Histoires à des Sauvages, comme les épines leur tiennent lieu d'aiguilles, parce qu'ils ne connoissent rien de mieux ; la délicatesse n'habite point au sein de l'indigence. Chez des Nations plus polies & plus heureuses, où le goût est fortifié par un exercice continuel, & épuré par la communication réciproque, on veut trouver dans l'Histoire un tissu de faits choisis, intéressans, enchaînés sans contrainte les uns aux autres, & rapportés dans un ordre clair & facile chacun à la place qui lui convient. Le tems & le lieu de chaque événement n'y sçauroient être déterminés avec trop de précision ; faute de cette attention indispensable, le Lecteur s'en dégoûteroit bientôt, & craindroit même de s'y fier.

De là vient que l'on appelle communément la Chronologie & la Géographie les yeux de l'Histoire. Il y a cependant entre les deux une différence très-remarquable : c'est que l'une est un accessoire important à l'Histoire, l'autre lui est absolument essentielle ; la Géographie l'orne, l'éclaircit ; la Chronologie en constitue le fond même & la base, & l'Histoire dans ses commencemens n'étoit qu'une simple Chronique.

Il faut avouer malgré cela que la Géographie est beaucoup plus cultivée, moins généralement ignorée que la Chronologie ; & la raison en est bien sensible, c'est que l'on a des facilités pour étudier l'une, que jusqu'ici l'on n'a pas eues pour l'autre.

L'Etude de la Géographie est riante, aisée, attrayante ; elle présente, elle expose sous les yeux un tableau de tous les Pays de l'Univers ; on le parcourt avec empressement, on y révient avec plaisir, on s'y familiarise, on examine la position des lieux, on en mesure les distances à vûe d'œil, on les vérifie le compas en main, on se les retrace en soi-même, on en copie le plan dans son imagination, & on se l'imprime si bien qu'il ne s'efface jamais entiérement.

Il n'en est pas ainsi de la Chronologie ; c'est une étude séche, laborieuse, ingrate, elle n'offre à l'esprit que des dates rebutantes, une prodigieuse multitude de nombres, qui chargent la mémoire, s'y entassent avec peine & lui échapent facilement. Mais il semble qu'il y a un peu de la faute de ceux qui les premiers se sont érigés en Maîtres de cette importante science, & pour peu que l'on veuille sonder le fond de ces difficultés, on reconnoîtra bientôt qu'elles n'ont pas leur principe dans la nature méme de la chose.

La Géographie a pour objet l'étendue de la terre ; la Chronologie a pour objet la succession du tems. La durée ne peut-elle pas être imitée & représentée aussi sensiblement, aussi distinctement que l'espace, & les intervalles n'en peuvent-ils pas être également comptés par des dégrés ? On ne conçoit pas ce qui pourroit en empêcher : il est tout aussi facile de mesurer des années que de mesurer des lieues, plus simple même & plus aisé à divers égards.

1°. La surface de la terre a deux dimensions, longueur & largeur, ce que les Géographes appellent Longitude & Latitude. La durée du tems n'en a qu'une seule, qui est sa longueur.

2°. Le rapport des dégrés de Longitude

aux dégrés de Latitude va toujours en croissant ou en décroissant du Pôle à l'Equateur, & de l'Equateur au Pôle, suivant une certaine progression que l'on ne sçauroit comprendre parfaitement sans quelques notions de Géométrie & d'Astronomie; de sorte que très peu de gens sont capables de franchir en Géographie un certain dégré de médiocrité. La Chronologie n'a pas cet inconvénient; délivrée de la servitude des autres Sciences, elle ne suppose point tant de connoissances préliminaires, & l'intérieur de son sanctuaire n'est fermé à personne.

3°. La figure de la Terre ne peut être représentée fidélement que sur un Globe, la projection d'une Carte quelconque la déguise nécessairement, & n'en donne pas une idée assez juste, & la Mappemonde même est plus propre à faire sentir ce faux qu'à le rectifier. On n'a point d'illusion semblable à craindre d'une Carte chronologique, elle ne déguise ni n'altere aucunement son objet, & on peut s'y fier sans scrupule.

4°. Les divisions de l'espace, lieues, stades, milles, sont arbitraires & variables; les divisions du tems, jours, mois, années, sont naturelles & constantes, fondées sur l'observation des périodes régulieres des Astres du Firmament. Si le manque de précision des premieres observations dans ce genre cause souvent beaucoup de tourment à ceux qui dressent des Tables chronologiques, il n'en cause aucun à ceux qui les étudient, la grande affaire des Savans ne fait pas même une sensation pour le Public; au lieu que l'arbitraire & la diversité des mesures géographiques cause beaucoup plus d'embarras aux Disciples qu'aux Maîtres.

5°. Une Carte représentative des lieux ne sauroit gueres excéder une certaine grandeur ; il n'y a que celles qui tiennent sur une seule feuille qui soient d'un usage bien commode, rarement en assemble-t-on plus de quatre ensemble, ou si quelquefois on en réunit davantage, elles ne peuvent servir que de parade, leurs extrémités se trouvant hors de la portée de la vûe : on est donc obligé d'avoir une quantité de différentes Cartes de Géographie construites sur différentes échelles, & d'en former à grands frais ce qu'on appelle des Atlas ; Cartes générales à petits points pour l'ensemble des pays, Cartes particulieres à grands points pour les détails de ces mêmes pays, & la variété presque infinie de ces échelles ne laisse pas que d'embrouiller beaucoup, & de causer bien de la peine, au moins aux commençans. Les Cartes représentatives des tems peuvent & doivent être toutes construites sur le même point, qui exprime constamment des années ; & comme cette uniformité dispense d'y joindre des échelles de rapport, on n'a pas besoin de les étudier le compas à la main. D'ailleurs il est tout simple d'assembler bout à bout toute la suite de ces Cartes, soit qu'on les destine à orner une longue galerie, ou que l'on veuille, suivant le modéle que j'en donne, en revêtir deux cylindres disposés de maniere que l'un se déroule de lui-même à mesure qu'on roule l'autre, imitant ainsi par leur dévelopement la révolution des siécles. Ainsi dans une seule & même machine on a devant les yeux une Carte particuliere & détaillée du siécle dont on étudie actuellement l'histoire, & on n'a pas moins sous la main la collection entiere de ces Cartes, avec toute la facilité imaginable de substituer l'une à l'autre à son gré, ou de dévider en se jouant toute la succession de Empires & des générations, tantôt en descendant depuis Adam jusqu'à nous, & tantôt en remontant de notre tems jusqu'à celui de la création, petit exercice auquel on a vû les enfans se porter avec plaisir, & que les Savans ont paru ne pas dédaigner eux-mêmes. Tous ont marqué quelque surprise de voir la Chronologie métamorphosée en *Chronographie*, de voir qu'une science de mémoire si froide, si stérile, si insipide, soit devenue une science amusante, & pour ainsi dire méchanique, qui parle aux yeux & à l'imagination, un tableau mouvant & animé, où passent en revûe tous les âges du monde, où chaque homme célebre vient se présenter en son rang avec les attributs qui lui sont propres, où chaque Prince figure au milieu de ses contemporains & occupe la scêne plus ou moins de tems à proportion de la longueur de son rolle, où le lever & le coucher des Empires se font remarquer d'eux-mêmes sous une forme sensible, sans qu'on ait la peine de s'en faire une étude, enfin où tous les événemens mémorables frappent tellement les sens, s'arrangent si aisément dans la mémoire, & s'y impriment si fortement, qu'on s'instruit presque machinalement & sans trop y songer.

Ne nous flattons pas cependant de pouvoir applanir à la fois toutes les difficultés de la Ch[illegible]nologie; il en est d'une espece que l'on ne fera jamais disparoître, tant elles sont inhérentes au fond même de la chose. Comme on peut hardiment défier les plus habiles Géographes de nous décrire exactement certains pays inhabités ou même inaccessibles, de nous marquer seulement si ce sont des terres ou des mers qui gisent immédiatement sous les pôles; aussi n'est-il pas en notre pouvoir de représenter distinctement certains tems absolument dénués de bons Historiens, ou même d'Historiens quelconques. De même encore qu'il y a des Pays, Isles, Lacs, Rivieres, Montagnes, dont un petit nombre d'Ecrivains ou de Voyageurs ont fait mention, & dont ils ont parlé si diversement que les Géographes, après s'être beaucoup tourmentés pour concilier des relations vagues & souvent contradictoires, sont obligés à la fin de rejetter l'un pour adopter l'autre; il y a également des siécles, des Dynasties, dont la mémoire est presqu'entiérement effacée, ou dont les fastes sont si mêlés de fables que le petit nombre de piéces réputées originales ont été tirées en tant de sens différens par les Commentateurs, qu'il est impossible de les suivre tous dans leurs écarts respectifs, & de s'attacher à l'un d'entr'eux sans contredire tous les autres.

Mais la différence que je trouve à cet égard entre la Chronologie & la Géographie au desavantage de la premiere, c'est que le Public, qui s'intéresse fort peu aux régions lointaines & inconnues, n'a pas la même indifférence pour les tems cachés dans la nuit de l'oubli, & qu'il semble au contraire que les plus éloignés & les moins connus sont ceux qui piquent le plus vivement sa curiosité.

D'un autre côté aussi, on peut dire que la Géographie indépendamment des inconvéniens qui lui sont propres, participe à tous ceux que l'on reproche, & que l'on pourra jamais reprocher à la Chronologie. En effet la Géographie se vanteroit mal à propos de prêter son flambeau pour éclairer l'Histoire, si elle n'embrassoit dans son étendue l'antique & le moderne, si elle ne s'efforçoit de représenter aussi bien le partage de la Terre sainte sous Josué, que ses limites sous l'Empire des Turcs ; si elle n'avoit soin d'assigner aussi positivement la situation de la Babilone ancienne détruite depuis longtems, que de celle qui subsiste aujourd'hui, peut être assez loin des ruines de la premiere. Le Public n'est pas moins curieux de suivre sur la Carte les expéditions d'Annibal que celles de Thamas Koulican, & il est au moins aussi facile de déterminer exactement la date du siége de Sagonte ou de la bataille de Zama, que la position des Villes que ces événemens ont illustrées.

La Carte Chronographique que je propose est formée de la réunion de trois grandes Cartes. La premiere comprend tous les tems qui se sont écoulés depuis la création du Monde jusqu'à la fondation de Rome ; la deuxiéme s'étend depuis la fondation de Rome jusqu'à la naissance de Jesus-Christ ; & la troisiéme depuis la naissance de Jesus-Christ jusqu'à notre tems. Il faut rendre compte des motifs de cette division.

L'Ere chrétienne est universellement connue parmi nous, elle est familiere à toute l'Europe, c'est d'elle qu'on date tous les Ecrits publics & particuliers ; ainsi j'ai dû l'employer. A l'egard des tems antérieurs à l'Ere vulgaire, j'ai été frappé d'une considération importante : c'est que l'époque de la fondation de Rome passe également pour constante, depuis ce tems on convient assez des principaux points, & la Chronologie ne souffre gueres de difficultés capitales, Il n'en est pas ainsi des siécles qui ont précédé cette époque fameuse ; il nous reste fort peu de monumens authentiques de ces tems reculés, & à peine quelques fragmens obscurs & presqu'inintelligibles d'un seul Historien profane, (*Sancho-*

niaton) dans lequel on ne trouve pas même une seule date. Moyse est beaucoup plus ancien & infiniment plus lumineux ; cependant il ne faut pas s'attendre que notre curiosité ne trouve jamais rien qui l'arrête dans l'Histoire sacrée ; c'est une source d'une pureté merveilleuse, mais d'une profondeur immense, & la difficulté de combiner ensemble les textes & les versions est si grande, qu'entre les Interprétes orthodoxes les uns placent Moyse lui-même quatorze siécles plutôt, & les autres quatorze siécles plus tard.

Il est bon néanmoins de faire observer que presque toutes les difficultés de la Chronologie sainte ne roulent que sur la supputation des années, & que l'on s'accorde assez pour ce qui concerne l'ordre des événemens ; de sorte que dans l'impossibilité où je me suis trouvé de satisfaire tout le monde, j'espere au moins que la plûpart des critiques que j'aurai à essuyer tomberont plutôt sur les chiffres de l'échelle qui regne dans toute la longueur de ma premiere Carte, que sur le choix ou la disposition des matiéres, qui est sans contredit ce qui doit le plus nous intéresser.

Au reste, je me croirai fort redevable aux Savans qui voudront prendre la peine de me communiquer leurs remarques par telle voye, & sous telle forme que ce puisse être, & ils me trouveront toujours disposé à profiter de leurs lumieres. Quant aux personnes médiocrement versées dans l'Histoire, je les prie, autant pour eux que pour moi, de se défendre soigneusement des décisions précipitées ; comme il m'est souvent arrivé de corriger & de rétablir une même date à diverses reprises, il pourroit leur arriver aussi de censurer sur la foi d'un Auteur ce qui se trouveroit bientôt justifié par le témoignage de plusieurs autres. Un célebre Ecrivain moderne * a évalué la totalité des Livres d'Histoire à trente mille volumes in-folio de mille pages chacun ; je ne prétens pas me rendre garant de son calcul, mais j'ose croire qu'il y a peu de gens dans le monde en état de se vanter d'avoir seulement parcouru la dixiéme partie des Monumens historiques.

* M. l'Abbé Langlet du Fresnoy.

APPROBATION.

J'Ai examiné par ordre de Monseigneur le Chancelier, un Manuscrit intitulé *Chronographie universelle*, & la Carte chronologique qui y est jointe. Il m'a paru que le plan de l'Auteur étoit ingénieux, & propre à répandre le goût d'une Science pour laquelle on ne sçauroit trop multiplier les facilités. A Paris ce 2 Mai 1752.

Signé BARTHELEMY.

AVERTISSEMENT.

IEN de plus simple que l'usage de cette Carte. Il suffit d'y jetter les yeux pour reconnoître de soi-même tout le parti que l'on en peut tirer.

Lit-on un Livre d'Histoire ? Qu'on place vis-à-vis de soi la Machine ouverte à l'endroit du siécle qui répond au regne que l'on étudie actuellement ; on verra d'un coup d'œil tous les Souverains contemporains, les événemens mémorables de ce même siécle, & les personnages les plus dignes du souvenir de la postérité.

Veut-on parcourir de suite la Carte entiere ? On trouve d'abord Dieu seul avant tous les tems ; puis on voit paroître Adam, & commencer aussitôt l'échelle des siécles, où les années sont distinguées par autant de cases alternativement blanches & noires, chiffrées sommairement de dixaine en dixaine, & tout au long de centaine en centaine. La premiere échelle s'étend depuis la création du monde jusqu'à l'an 3947 ; là on voit la Carte s'agrandir tout à coup, & commencer une deuxiéme échelle semblable à la premiere, & qui conduit pendant l'espace de 753 ans jusqu'à la naissance de JESUS-CHRIST, troisiéme & derniere grande époque, où commence une nouvelle échelle, qui se prolonge jusqu'à nos jours.

Comme cette derniere partie de la Carte est beaucoup plus large & plus chargée que les précédentes, aussi y trouve-t-on un secours de plus ;

ce sont des lignes perpendiculaires à l'échelle, tirées à chaque dixiéme année du haut au bas de la Carte, pour guider sûrement l'œil dans la recherche des dates.

Toute la Carte est partagée suivant sa longueur en diverses colonnes, plus ou moins nombreuses selon les différens siécles, tous ne fournissans pas une égale matiere à l'Histoire. Chacune de ces colonnes porte son annonce au commencement en lettres capitales (pour la plûpart) puis de distance en distance en lettres italiques; de sorte qu'on s'y reconnoit aisément partout.

Les colonnes supérieures sont occupées par les listes des Princes qui ont gouverné successivement les principaux Etats de l'Univers. La premiere lettre du nom de chacun répond exactement à l'année où il a commencé à régner, & par conséquent sert en même tems à déterminer la fin du regne de son prédécesseur immédiat; à moins qu'une ligne de points longs, prolongée au-delà de ce terme, n'indique que ces deux Princes ont regné concurremment pendant quelques années. Cette ligne de points longs, ou *ligne de durée*, se rencontre rarement; mais on trouve constamment une ligne de *réclame*, qui est une ligne ponctuée en points simples, le long de laquelle on peut facilement remonter au besoin, pour constater la date précise d'un regne par l'année correspondante de l'échelle courante.

Les deux colonnes inférieures sont remplies l'une par les événemens mémorables, l'autre par les personnes qui se sont le plus distinguées d'âge en âge, soit par leurs vertus ou leurs talens, ou au moins par la grandeur de leurs rôles. On ne trouvera point de *lignes de réclame* à ces hommes illustres; en effet où pourroit-on les placer? à l'année de leur naissance, souvent fort obscure, ou de leur mort, quelquefois encore plus ignorée, ou à leur tems le plus brillant, presque toujours difficile à déterminer ? Ainsi puissions-nous garder encore longtems en réserve la place si justement acquise ici à un homme qui depuis près d'un siécle produit chaque année de nouveaux chef-d'œuvres.

On pourra être étonné du long vuide de la colonne de la Chine; mais il y avoit également de l'inconvénient à l'omettre & à la remplir tout-à-fait.

L'Heptarchie Angloise sembloit demander sept colonnes depuis environ la fin du cinquiéme siécle jusques vers la fin du huitiéme; mais il a fallu se borner ici à une seule, où on trouvera réunis les principaux Rois Saxons de chaque Dynastie. C'est à peu près ainsi que M. Rollin en a usé dans son Histoire ancienne à l'égard des Dynasties d'Egypte.

Il me reste un autre scrupule, c'est par rapport aux signes caractéristiques des Princes; on trouvera sans doute qu'il en manque à plusieurs à qui j'aurois pû ou dû en appliquer, & peut-être même ne trouvera-t-on pas assez heureuses la plûpart des applications que j'en ai faites aux autres, dont plusieurs auroient besoin en effet d'être plus mûrement pesées & réfléchies. Si quelque personne plus versée dans l'Histoire, ou jouissant de plus de loisir que moi, vouloit prendre la peine d'y suppléer de maniére à mériter le suffrage de trois de Messieurs de l'Académie des Belles-Lettres, Juges nés de ces sortes de matiéres, je promets & m'engage à lui faire présent de cent Exemplaires en témoignage de ma reconnoissance.

Je déclare en outre que toute personne distinguée dans la République des Lettres, qui daignera faire quelques corrections, additions, ou observations sur l'Ouvrage que j'ai l'honneur de présenter au Public, n'aura qu'à me faire remettre son Exemplaire chargé de notes & de ratures quelconques, je me ferai un plaisir & un devoir de lui fournir gratis un second Exemplaire retouché, me proposant de profiter, autant qu'il me sera possible, de toutes ces corrections pour perfectionner un Ouvrage entrepris uniquement en vûe de l'utilité publique.

(*NB.*) Sous le titre de personnes distinguées dans la République des Lettres, je comprens tous Auteurs, Docteurs, Principaux & Préfets de Colléges, Professeurs, Bibliothéquaires, & Académiciens François & Etrangers.

EXPLICATION des Signes employés

Amiral.

Anatomiste.

Artiste.

Aſſaſſin, Empoisonneur.

Aſſaſſiné, Empoisonné.

Astronome.

Belliqueux, brave.

Bigot, Superstitieux.

Botaniste, Naturaliste.

Chymiste.

Collegues, Aſſociés.

Competiteur, Antipape.

Conquerant.

Cruel.

Débauché.

Déthroné, Chaſſé.

Evêque.

Faineant, Pareſſeux.

Femme.

Fou, Inconstant.

Genereux, bienfaisant.

Géographe.

Géometre.

Grand.

Herétique.

Heureux.

Historien, Chronologiste.

Impie.

Imposteur, faux Prophete.

Interregne.

Jurisconsulte.

Juste.

Legislateur.

dans la Carte Chronographique.

Ligne de vie	- - - - - - - -
Malheureux	
Martyr	
Mechant, Injuste	♏
Medecin	
Ministre	♃
Moine	
Musicien	
Orateur, Retheur	☿
Peintre	
Philosophe, Sage	
Pilote, Marin	
Poëte	
Prisonnier	
Prophete	☆
Prudent, Rusé	●
Puni, mis à mort	ø
Rebelle	
Retabli, Rappellé	♄
Riche, Avare	☽
Roy, Reine	
Royaume	
Republique	
Ruine	
Saint	‡
Savant	
Souverain pontife	
Suicide, homicide de soi même	
Souveraineté	
Théologien	
Tué à la guerre	
Usurpateur, Tyran	
Incertain	✱

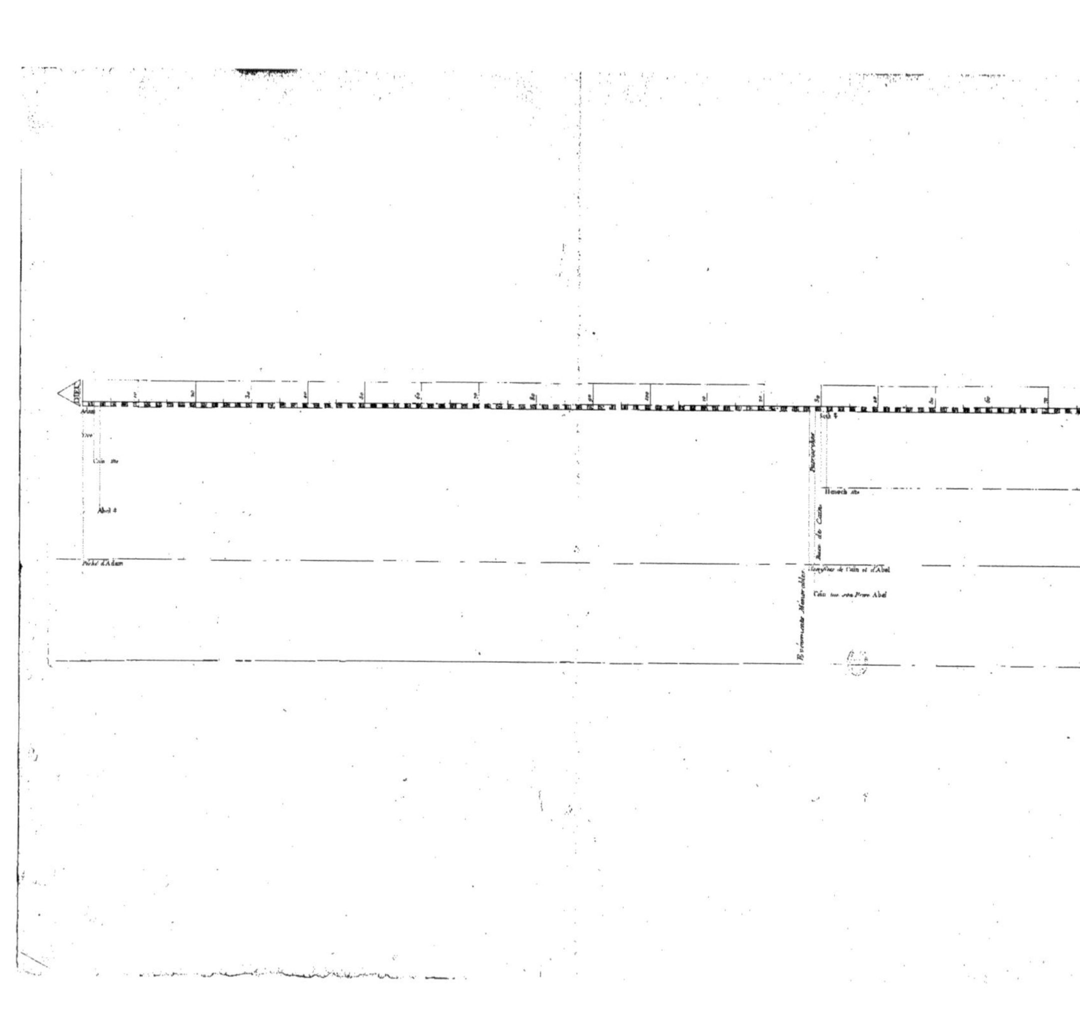

DIEU
Adam
Eve
Caïn
Abel
Péché d'Adam
Seth
Patriarches
Henoch
Race de Caïn
Caïn tue son Frere Abel
Evénements Mémorables

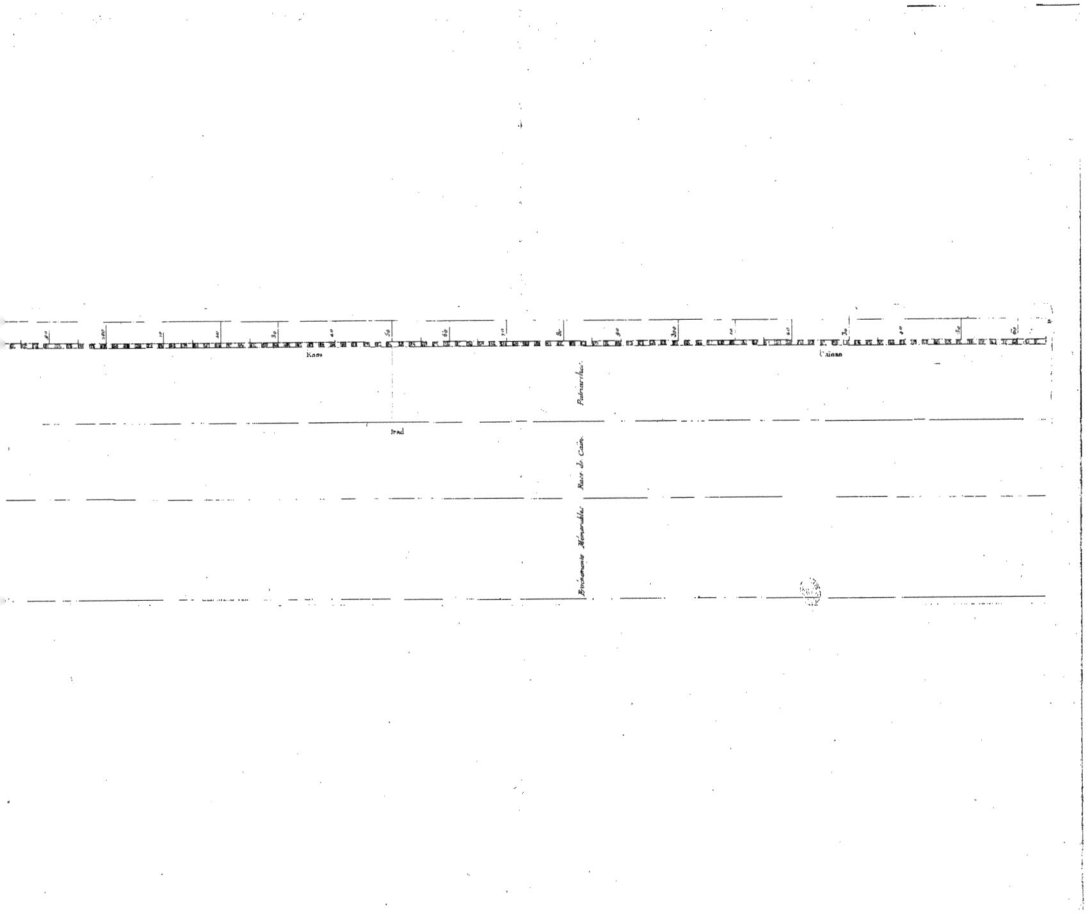

90 200 10 20 30 40 50 60 70 80 90 300 10 20 30 40 50 60

Enos

Caïnan

Patriarches

Irad

Race de Caïn

Evénements Mémorables

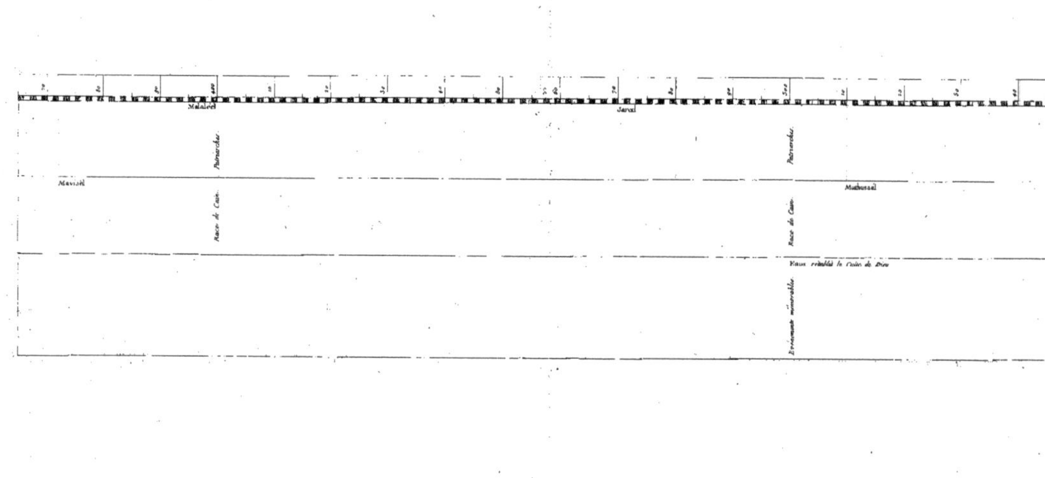
Malaleel
Jared
Patriarches.
Maviaël
Mathusaël
Race de Caïn.
Enos rétablit le Culte de Dieu
Evénemens mémorables.

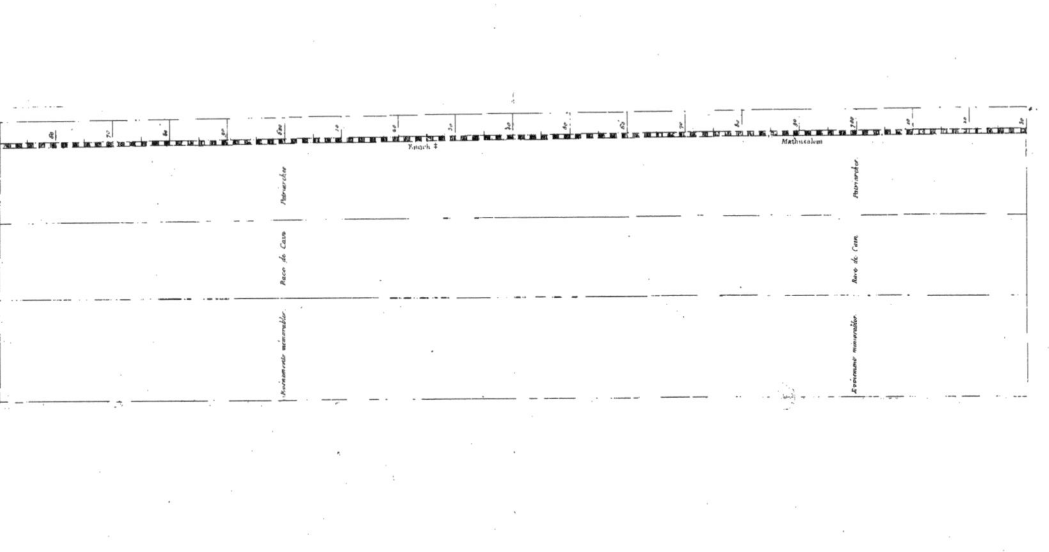
Enoch ‡
Mathusalem
Patriarches
Race de Caïn
Événements mémorables
Patriarches
Race de Caïn
Événements mémorables

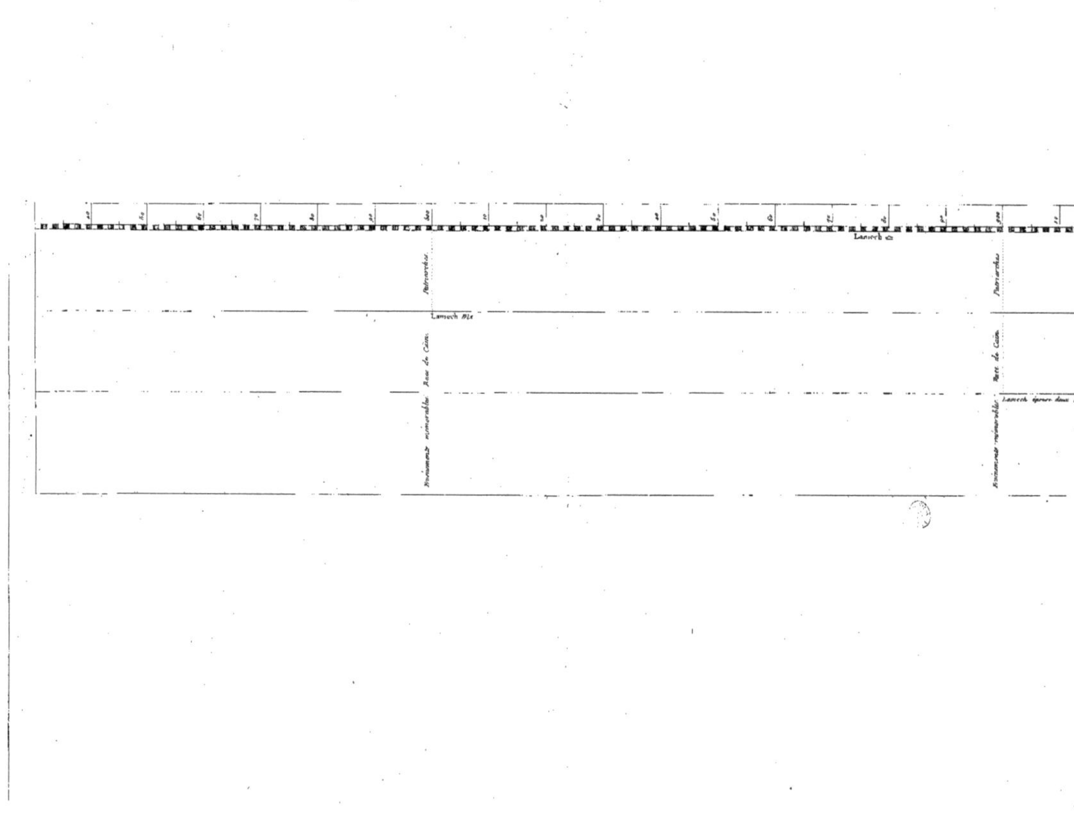
Patriarches
Race de Caïn
Évenements mémorables
Patriarches
Race de Caïn
Évenements mémorables

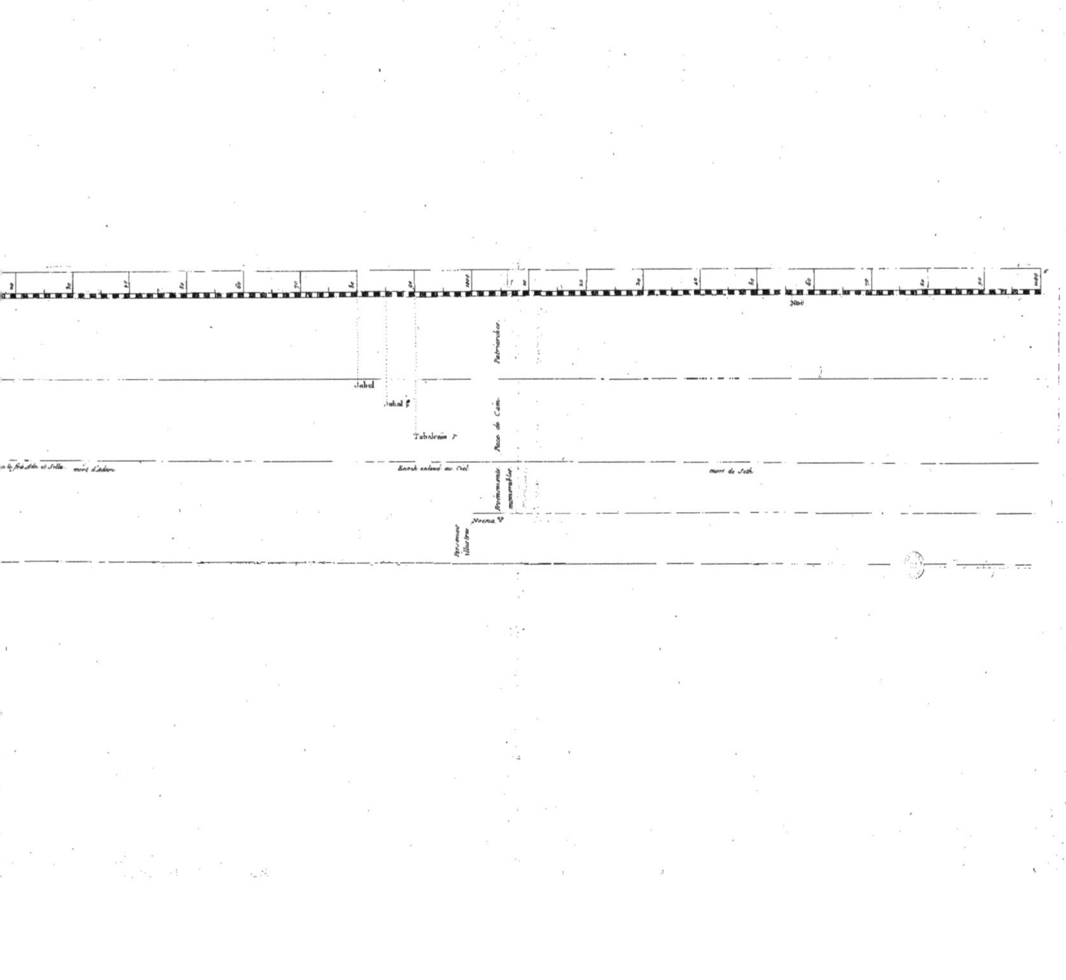

1000
1100
Noé
Patriarches.
Jabel
Jubal
Tubalcain
Race de Caïn
Enoch enlevé au Ciel
mort d'Adam
mort de Seth
Événements memorables
Noema
Personnes illustres

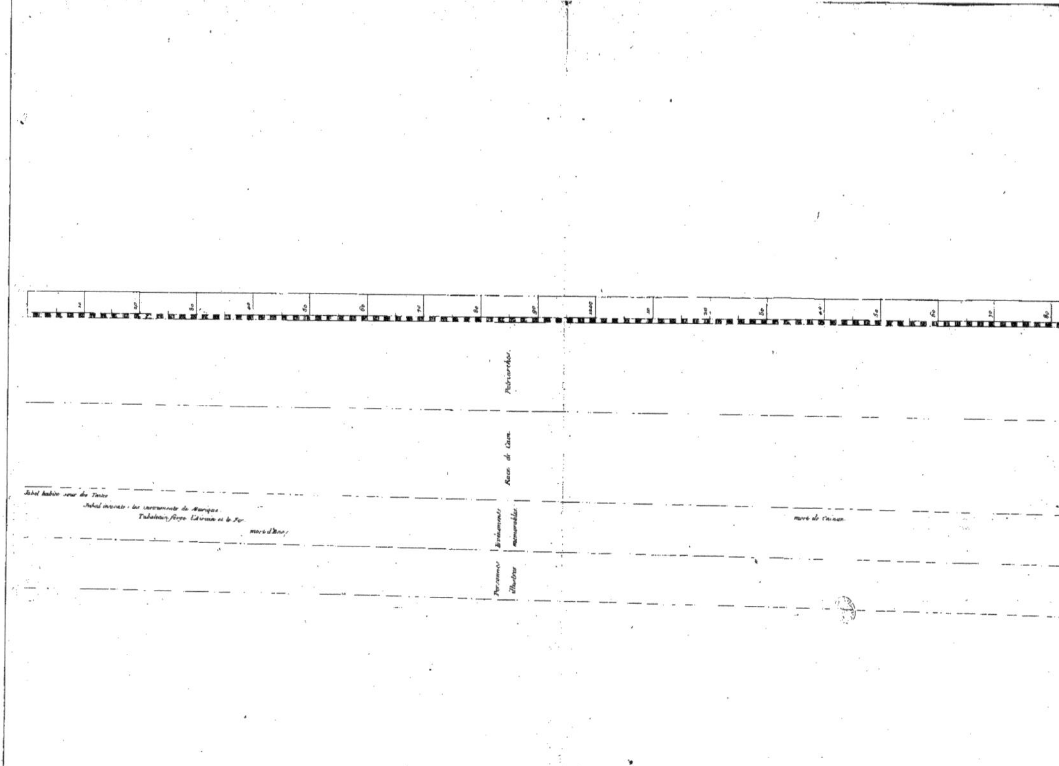
10 20 30 40 50 60 70 80 90 1000 10 20 30 40 50 60 70 80
Patriarches.
Race de Caïn
Événements mémorables
Personnes illustres
Jabel habite sous des Tentes
Jubal invente les instruments de Musique.
Tubalcain forge l'Airain et le Fer
mort d'Enos
mort de Caïnan

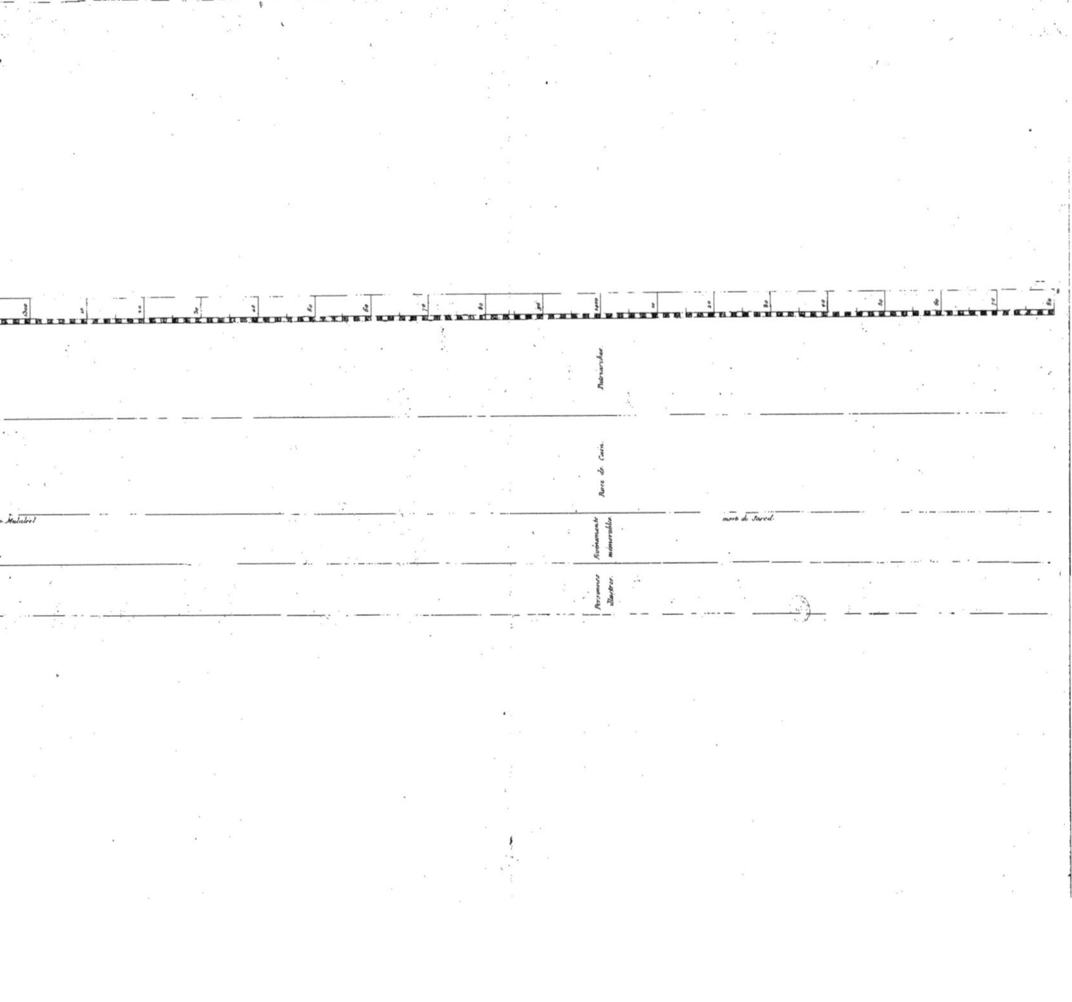
Patriarches
Race de Caïn
Evénements mémorables
Personnes illustres
de Malaléel
mort de Jared.

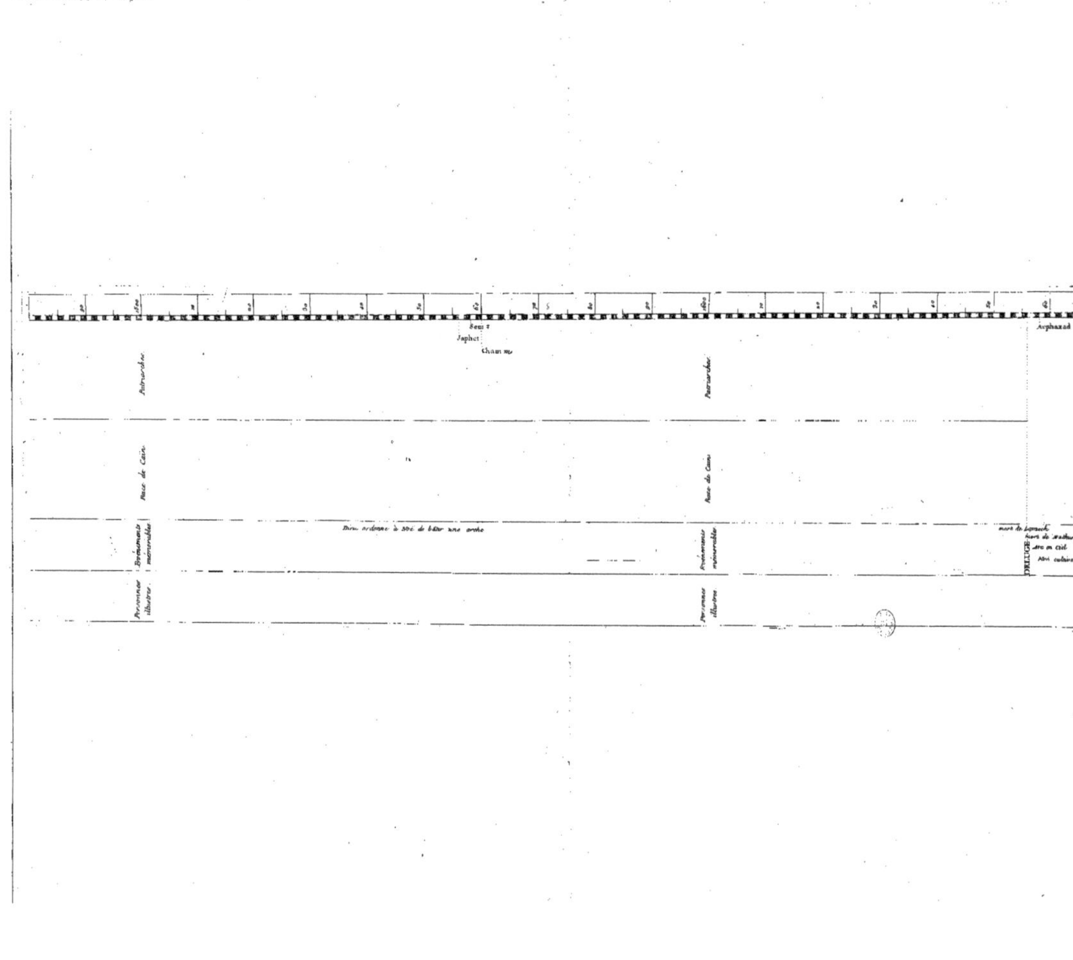
Sem
Japhet
Cham
Arphaxad
Patriarches
Race de Caïn
Événements mémorables
Personnes illustres
Dieu ordonne à Noé de bâtir une arche
Patriarches
Race de Caïn
Événements mémorables
Personnes illustres
DELUGE
Arc en ciel

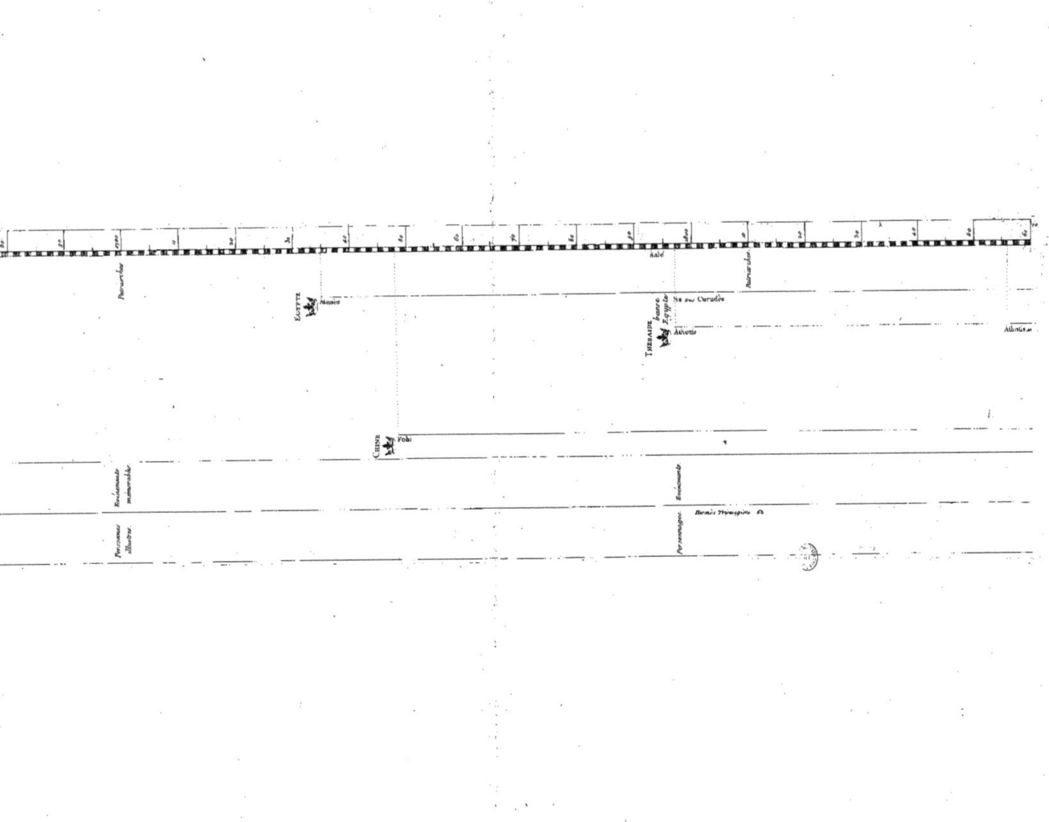

Patriarches
Égypte
Menès
Chine
Fohi
Événements mémorables
Personnes illustres
Salé
Patriarches
Sa ou Curudès
Thébaïde
basse Egypte
Athotis
Événements
Personnages
Hermès Trismégiste

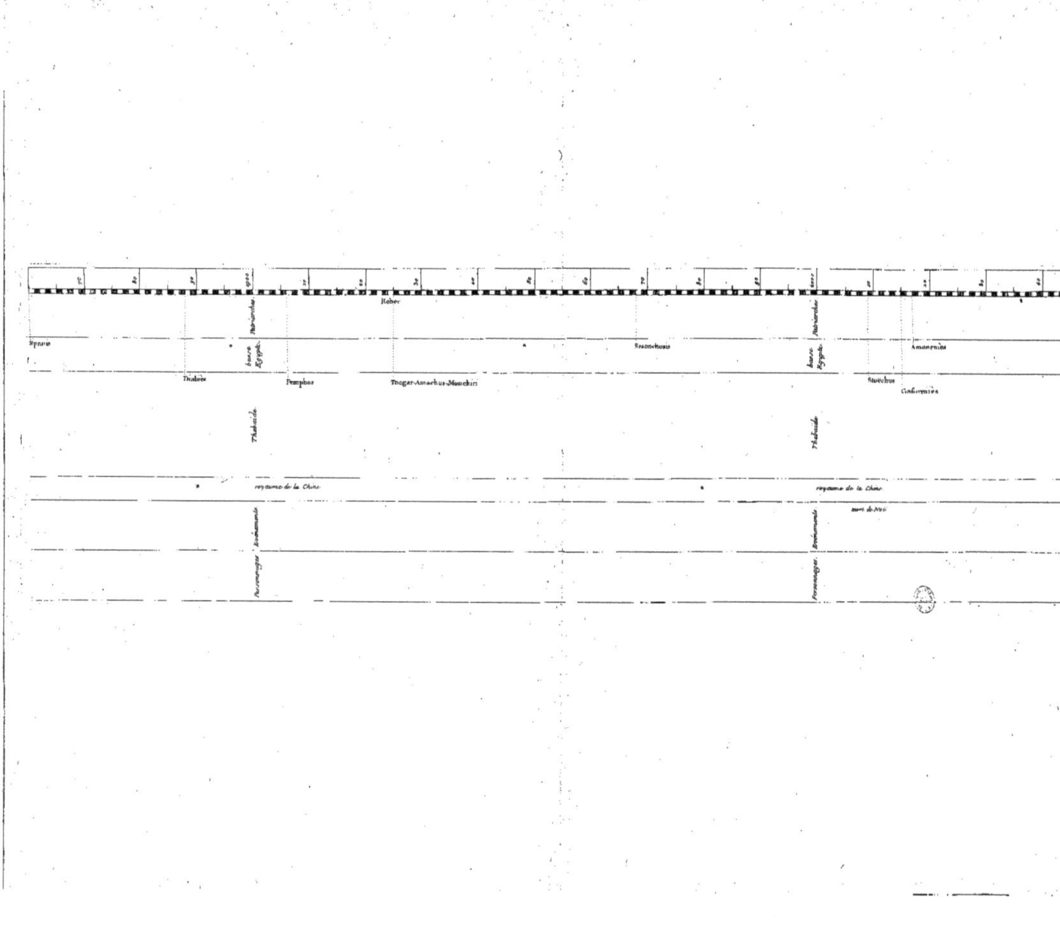
70
80
90
1900
10
20
30
40
50
60
70
80
90
2000
10
20
30
40
Patriarches
Heber
Spanus
basse Egypte
Resonchosis
Amenemès
Diabiès
Pemphos
Toegar-Amachus-Monchiri
Stoechus
Gosormiès
Thébaïde
royaume de la Chine
mort de Noé
Événements
Personnages

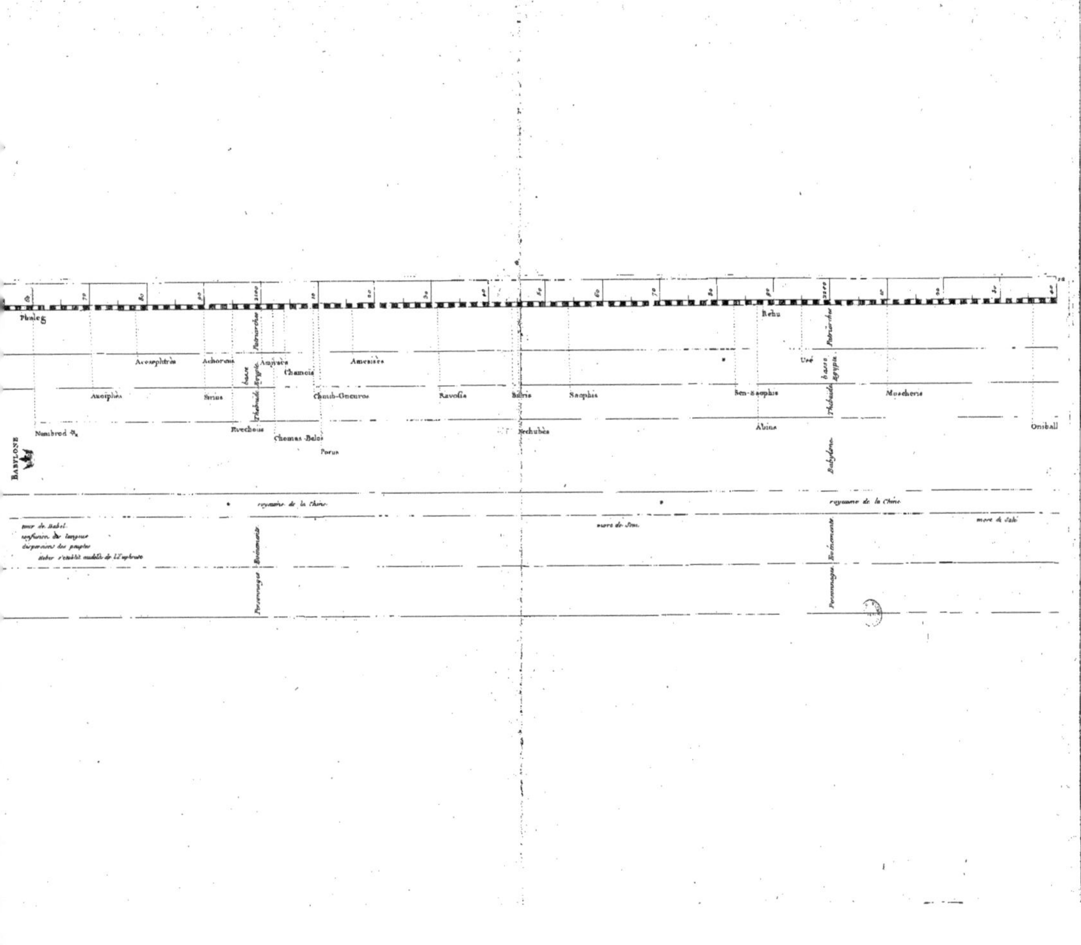
Phaleg
Patriarches
Acesephtrès
Achoreus
Amyrtée
Chamois
Amesisès
basse Egypte
Thebaide
Anoiphès
Sirius
Chenib-Gneuros
Ravofis
Biris
Saophis
Nembrod
Evechous
Chomas-Belos
Porus
Nechubès
BABYLONE
royaume de la Chine
tour de Babel
confusion des langues
dispersion des peuples
Heber s'établit au delà de l'Euphrate
Evénements
Personnages
Rehu
Patriarches
Ué
basse Egypte
Thebaide
Ben-Saophis
Moscheris
Abius
Oniball
Babylone
royaume de la Chine
mort de Sem
mort de Salé
Evénements
Personnages

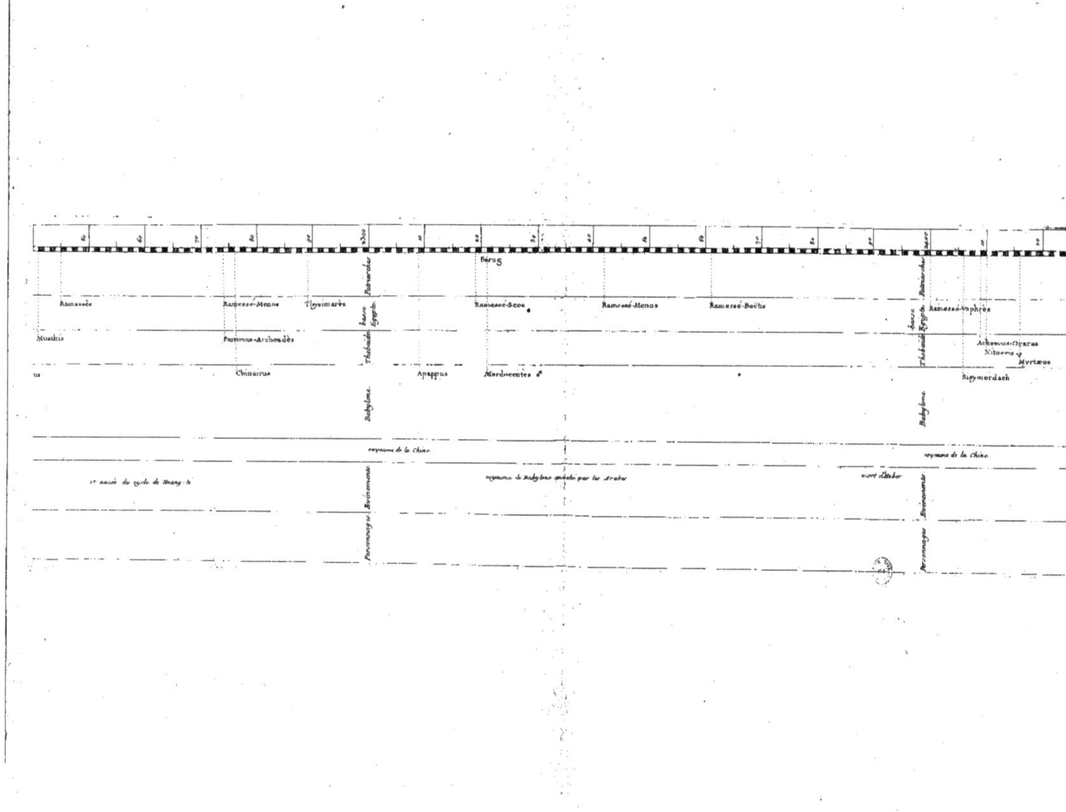
2300
2400
Patriarches
Barug
Ramessès
Ramessé-Menne
Thyosimarès
Ramessé-Seos
Ramessé-Menos
Ramessé-Buchs
Ramessé-Vaphrès
basse Egypte
Musthis
Pammus-Archondès
Athesous-Ovaras
Nitocris
Myrtæus
Thebaïde
Chinzirus
Apappus
Mardocentes
Sigymordach
Babylone
royaume de la Chine
1re année du cycle de Hoang-ti
royaume de Babylone envahi par les Arabes
mort d'Heber
Evénements
Personnages

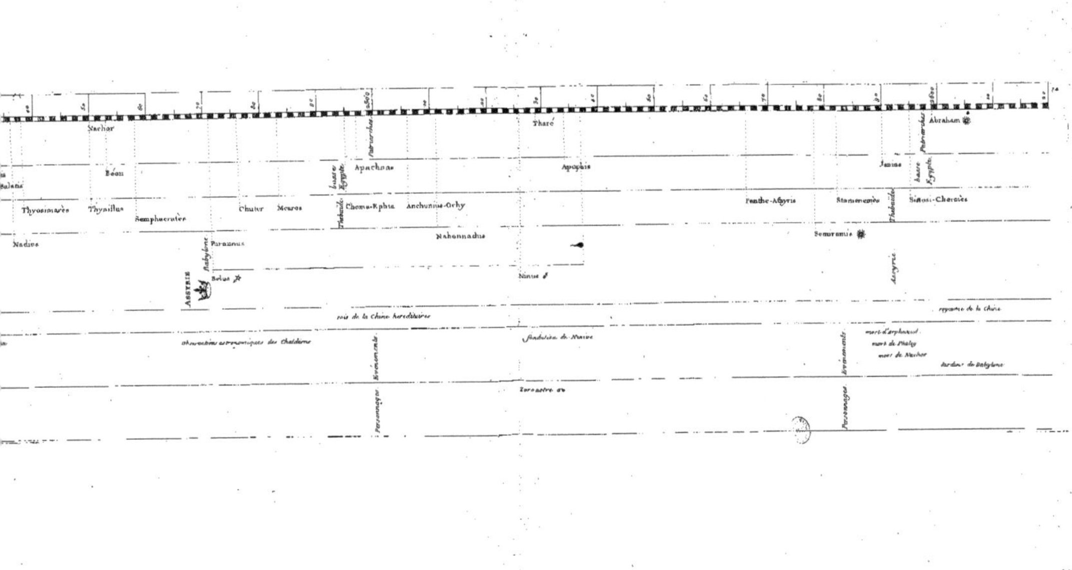

2500
2600
Nachor
Tharé
Abraham
Patriarches
Béon
basse Egypte
Apachnas
Apophis
Janias
Thyosimarès
Thynillus
Semphucratès
Chuter
Meures
Thebaïde
Choma-Ephta
Anchunius-Ochy
Penthe-Athyris
Stamenemès
Sistosi-Chermès
Nadius
Nabonnadus
Semiramis
Babylone
Paraunus
Belus
Ninus
ASSYRIE
Assyrie
rois de la Chine héréditaires
royaume de la Chine
observations astronomiques des Chaldéens
Événements
fondation de Ninive
mort d'arphaxad
mort de Phaleg
mort de Nachor
Jardins de Babylone
Personnages
Zoroastre

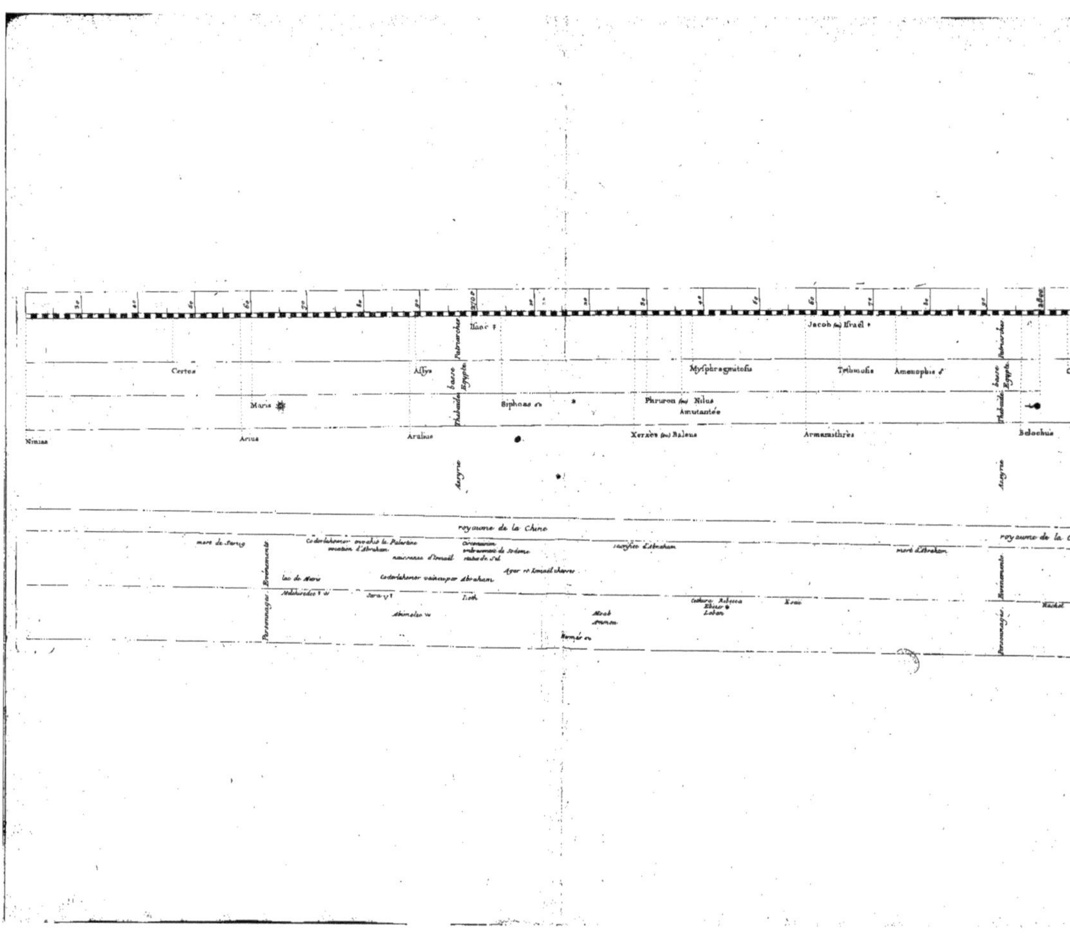

Isaac
Jacob ou Israel
Patriarches
Cecros
Assys
Mysphragmutosis
Tethmosis
Amenophis
basse Egypte
Maris
Siphoas
Phruron ou Nilus
Amutantée
Thebaïde
Ninias
Arius
Aralius
Xerxes ou Baleus
Armamithres
Belochus
Assyrie
royaume de la Chine
Evénements
Personnages
Abraham
Sara
Loth
Moab
Ammon
Rebecca
Laban
Rachel

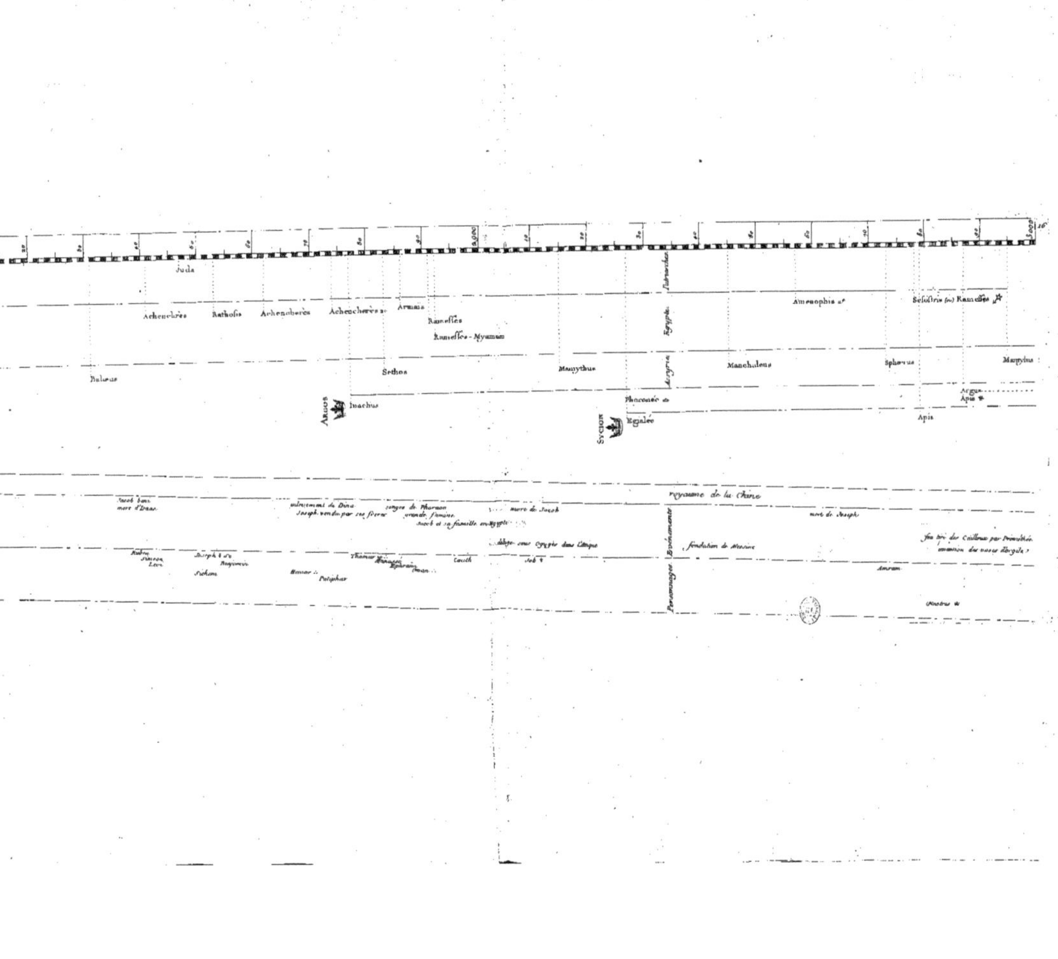

2,000
3,000
Juda
Achenchrès
Rathosis
Achenchérès
Achenchérès
Armais
Ramessès
Ramessès-Myamun
Patriarches
Egypte
Aménophis
Sesostris (ou) Ramessès
Assyrie
Baleus
Sethos
Mamythus
Manchaleus
Sphærus
Mamylus
Argos
Inachus
Phoronée
Argus
Apis
Sycion
Egialée
Apis
royaume de la Chine
Jacob
mort d'Isaac
songes de Pharaon
grande famine
mort de Jacob
mort de Joseph
Evénements
fondation de Messine
Personnages
Simeon
Levi
Sichem
Potiphar
Manassé
Ephraïm
Job
Amram

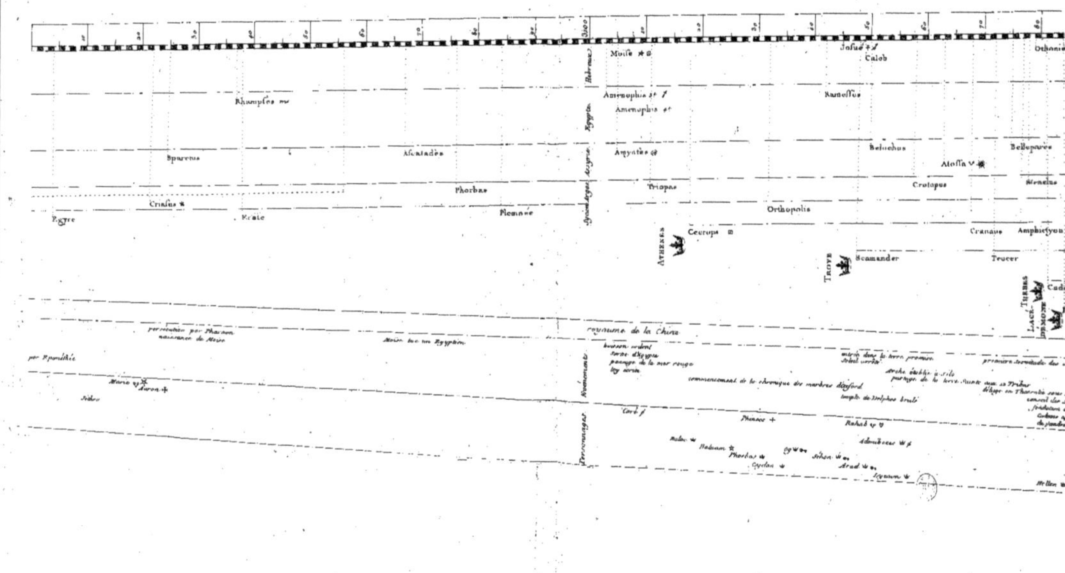

10
20
30
40
50
60
70
80
90
3100
10
20
30
40
50
60
70
80
Hebreux
Moïse
Josué
Caleb
Egypte
Rhampsès
Aménophis
Aménophis
Ramessès
Assyrie
Sparetus
Ascatadès
Amyntès
Béléchus
Atossa
Belléparès
Sycionie Argos
Phorbas
Criasus
Ægyre
Erate
Plemnée
Triopas
Crotopus
Orthopolis
Cécrops
Cranaus
Amphictyon
Athènes
Troye
Scamander
Teucer
Thèbes
Lacédémone
royaume de la Chine

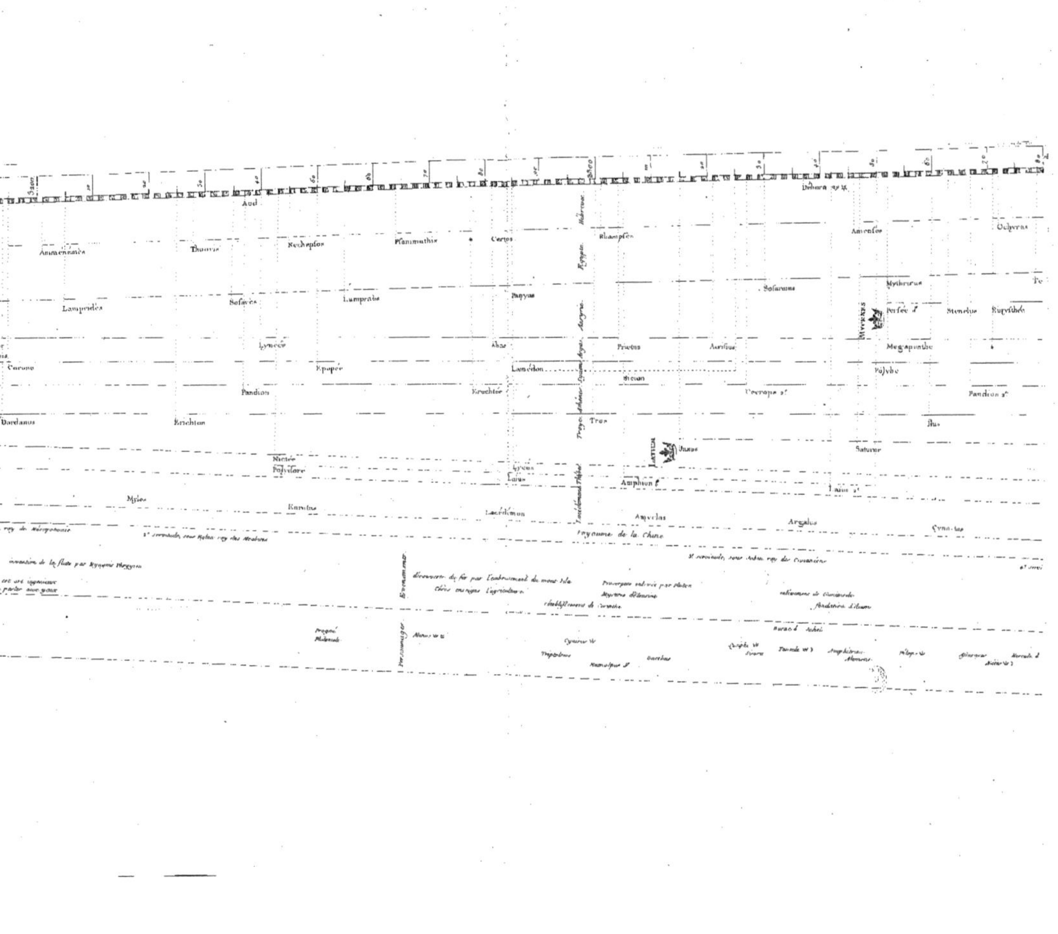

Aod
Thouris
Nechepfos
Certos
Rhampfès
Amenfes
Lamprides
Sofarès
Papyas
Sofarmus
Perfée 2d
Sthenelus
Eurysthée
Lyncée
Abas
Megapenthe
Carone
Lamedon
Polybe
Pandion
Pandion 2e
Dardanus
Erichton
Tros
Ilus
Saturne
Amphion
Laius
Mylès
Lacédémon
Amyclas
Argalus
Cynortas
Egypte
Assyrie
Argos
Athènes
Troye
Thèbes
Lacédémone
Mycènes
Latium
Royaume de la Chine
Evénemens
Personnages

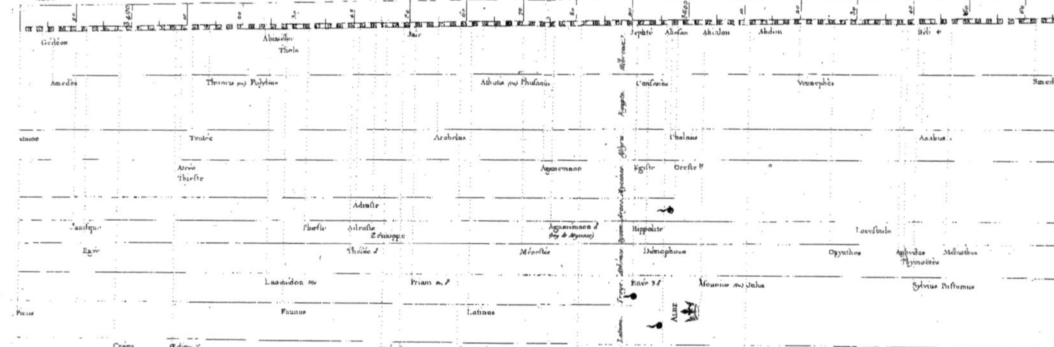

Gédéon
Abimélec
Thola
Jaïr
Jephté
Abdon
Héli
Amedès
Thuoris ou Polybus
Smedès
Teutée
Arabelas
Atrée
Thieste
Agamemnon
Egiste
Oreste
Adraste
Hippolite
Laomédon
Priam
Enée
Faunus
Latinus
Créon
Œdipe
Thersandre
Laodamas
Tisamène
Damasict
Xanthus
Hypocoon
Tyndare
Ménélas
Oreste

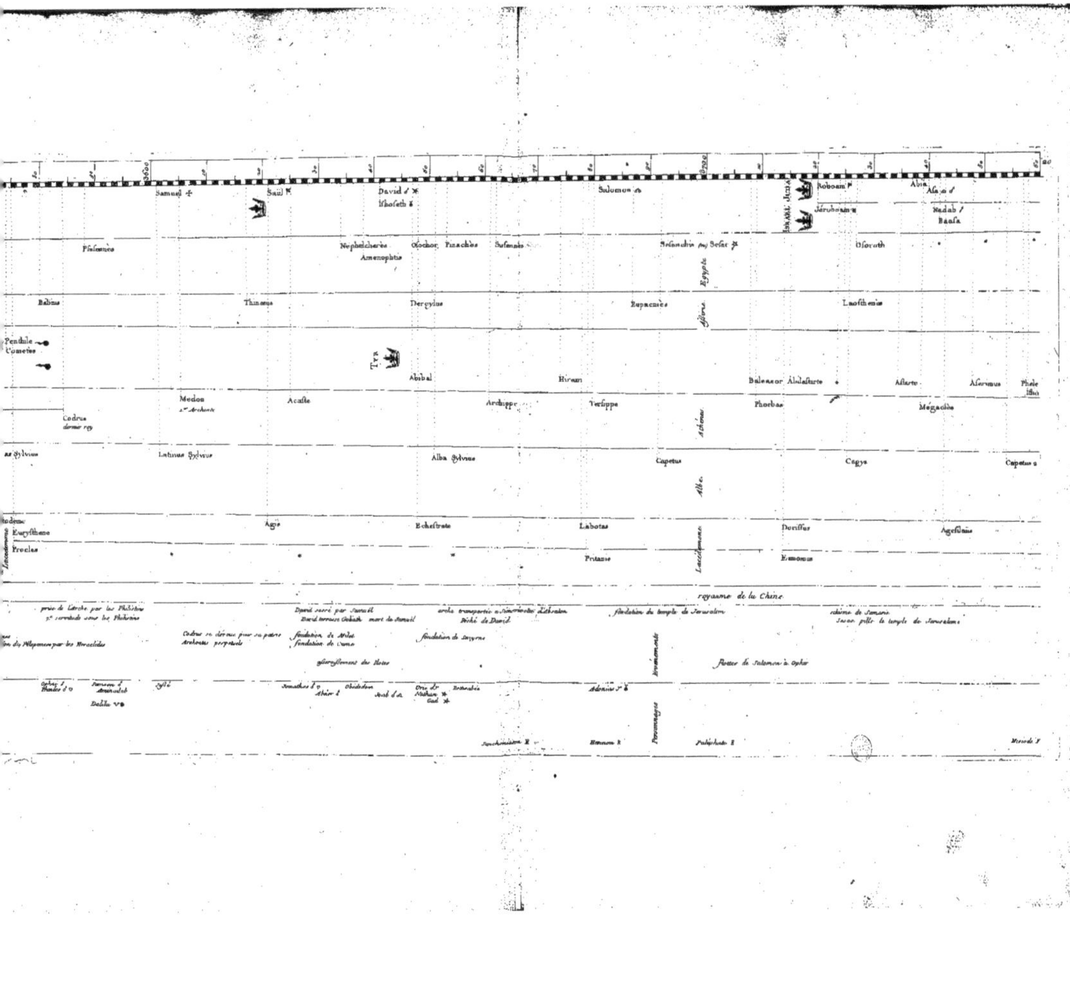
Samuel
Saül
David
Isboseth
Salomon
Roboam
Jéroboam
Abia
Asa
Nadab
Baasa
Psusennès
Nephelcherès
Amenophtis
Osochor
Pinachès
Susennès
Sesonchis ou Sesac
Osoroth
Egypte
Thineus
Dercylus
Eupacmès
Laosthenis
Assirie
Pendule
Cometes
Tyr
Abibal
Hiram
Baleazor
Abdastarte
Astarte
Medon
Acaste
Archippe
Tersippe
Phorbas
Mégaclès
Codrus
dernier roy
Athènes
Latinus Sylvius
Alba Sylvius
Capetus
Capys
Albe
Eurysthene
Procles
Agis
Echestrate
Labotas
Pritanie
Doriffus
Eunomus
Agesilaüs
Lacédémone
royaume de la Chine
prise de l'arche par les Philistins
David sacré par Samuël
David terrasse Goliath
mort de Samuël
péché de David
fondation du temple de Jerusalem
schisme de Samarie
Codrus se dévoue pour sa patrie
Archontes perpetuels
fondation de Milet
fondation de Cume
fondation de Smyrne
flotte de Salomon à Ophir
Evénements
Dalila
Jonathas
Abner
Obededom
Joab
Nathan
Gad
Bethsabée
Adonias
Personnages
Sanchoniaton
Homere
Hesiode

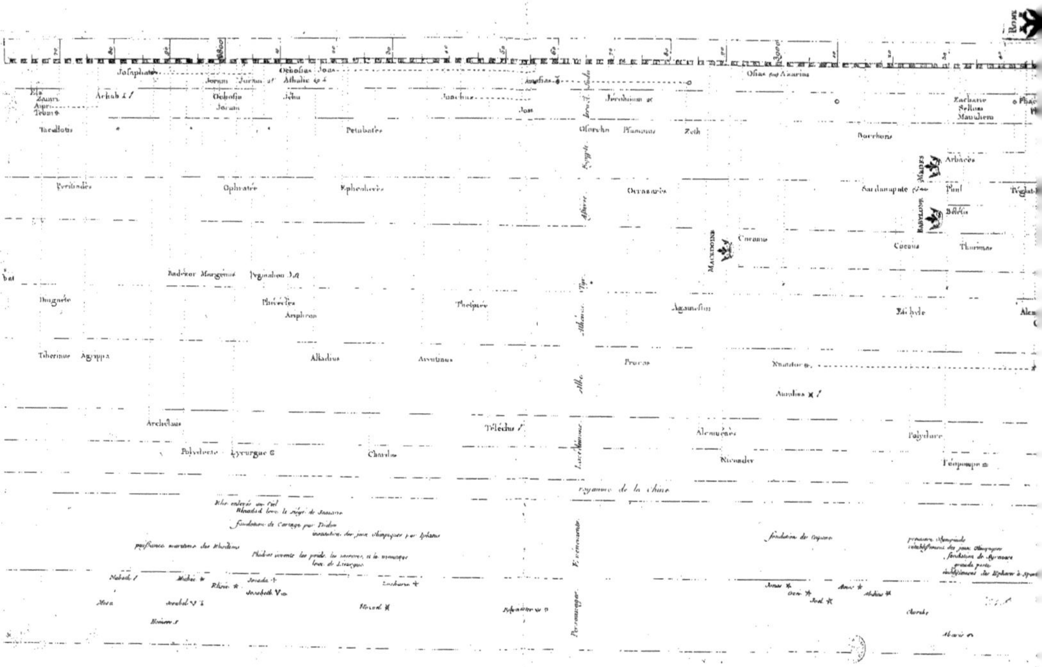

Josaphat · Joram · Joram · Ochofias · Joas · Athalie · Amafias · Ofias ou Azarias
Ela · Zambri · Amri · Thomni · Achab · Ochofias · Joram · Jéhu · Joachaz · Joas · Jéroboam · Zacharie · Sellum · Manahem
Tacellotis · Petubates · Ofoscho · Pfamous · Zeth · Bocchoris
Arbacès
Pertiades · Ophratée · Ephecheres · Ocrazapes · Sardanapale · Poul · Teglat
Bélésis
MACÉDOINE · Caranus · Coenus · Thurimas
MÈDES · BABYLONE
Badezor · Margenus · Pygmalion
Dorgarée · Phérécles · Arsphron · Thefpiée · Agamestor · Æschyle
Tiberinus · Agrippa · Alladius · Aventinus · Procas · Numitor · Amulius
Archelaus · Télèclus · Alcamènes · Polydore
Polydecte · Lycurgue · Charilas · Nicander · Théopompe
royaume de la Chine
Elie enlevé au Ciel
Bénadad leve le siége de Samarie
fondation de Carthage par Didon
institution des jeux Olympiques par Iphitus
puissance maritime des Rhodiens
Phidon invente les poids, les mesures, et la monnoye
loix de Lycurgue
fondation de Capoue
premiere Olympiade
rétablissement des jeux Olympiques
fondation de Syracuse
grande peste
établissement des Ephores à Sparte
Nabab · Michée · Elisée · Jonadab · Jozabeth · Zacharie · Abdias · Jonas · Osée · Joël · Amos
Mesa · Jezabel · Homere · Hesiode · Lycurgue · Charès · Alcée
Égypte · Assyrie · Tyr · Athènes · Albe · Lacédémone · Evénements · Personnages

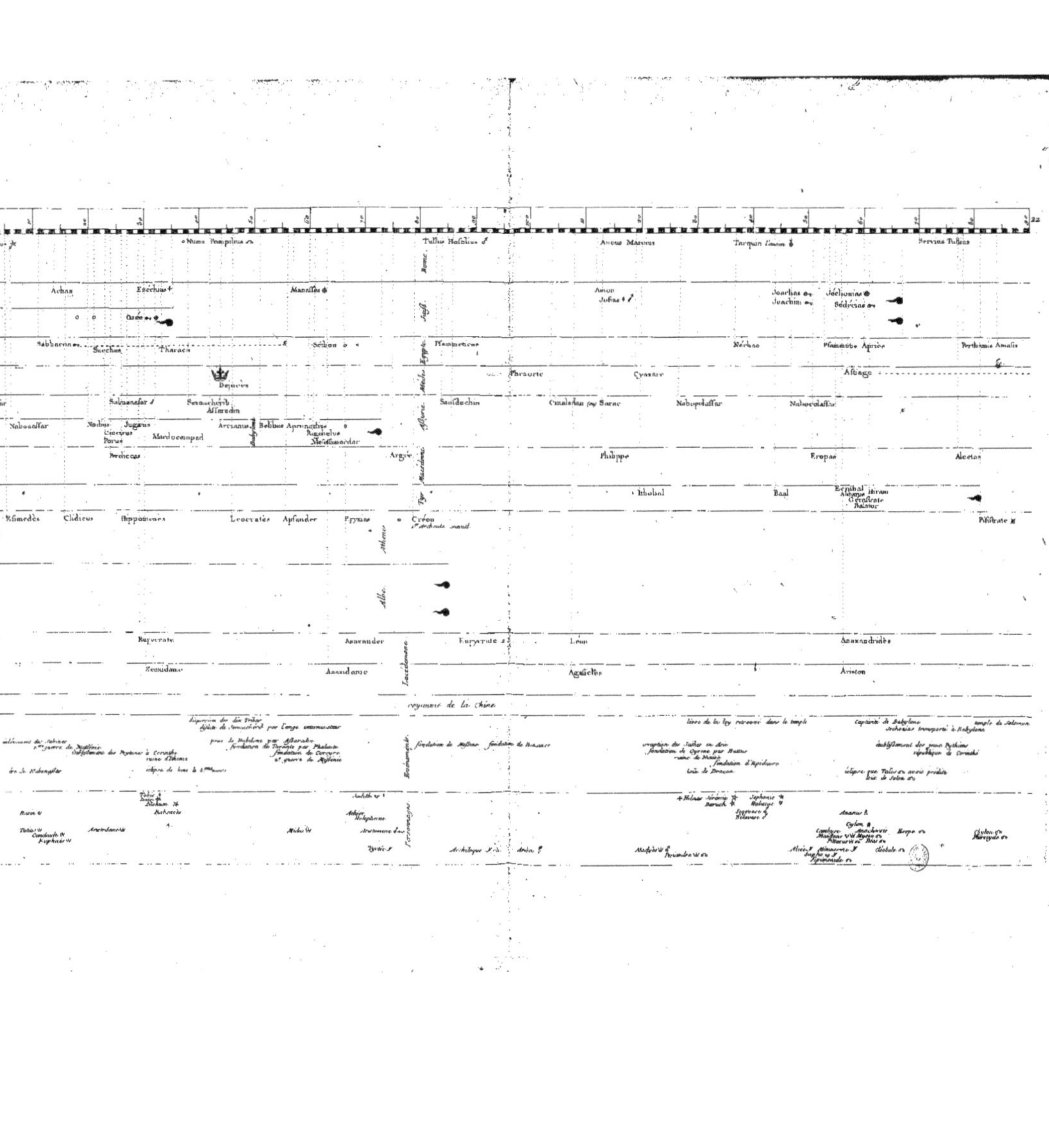

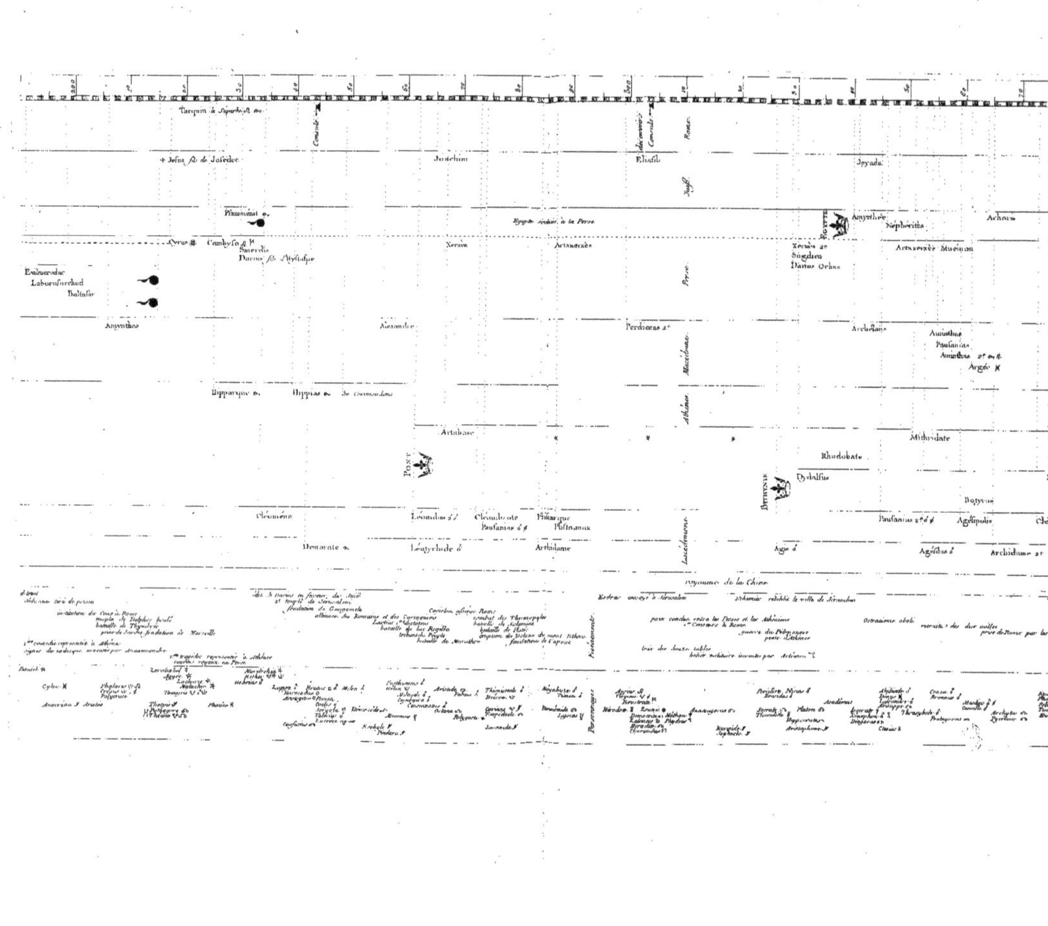

Rome
Juifs
Perse
Macédoine
Athènes
Lacédémone
Joachim
Eliasib
Jpyada
Amyrthée
Néphérites
Achoris
Cambyse
Smerdis
Xerxès
Artaxerxès
Artaxerxès Mnémon
Sogdien
Darius Ochus
Evilmerodac
Labarosoarched
Baltasar
Amyntas
Alexandre
Perdiccas
Archelaüs
Amyntas
Pausanias
Argée
Hipparque
Hippias
Artabase
Mithridate
Rhodobate
Dydalsus
Cléomène
Léonidas
Cleombrote
Pausanias
Plistarque
Plistonax
Démarate
Léotychide
Archidame
Agis
Pausanias
Agésipolis
Agésilas
Archidame
Dynastie de la Chine
Sophocle
Platon
Socrate
Hippocrate
Aristophane

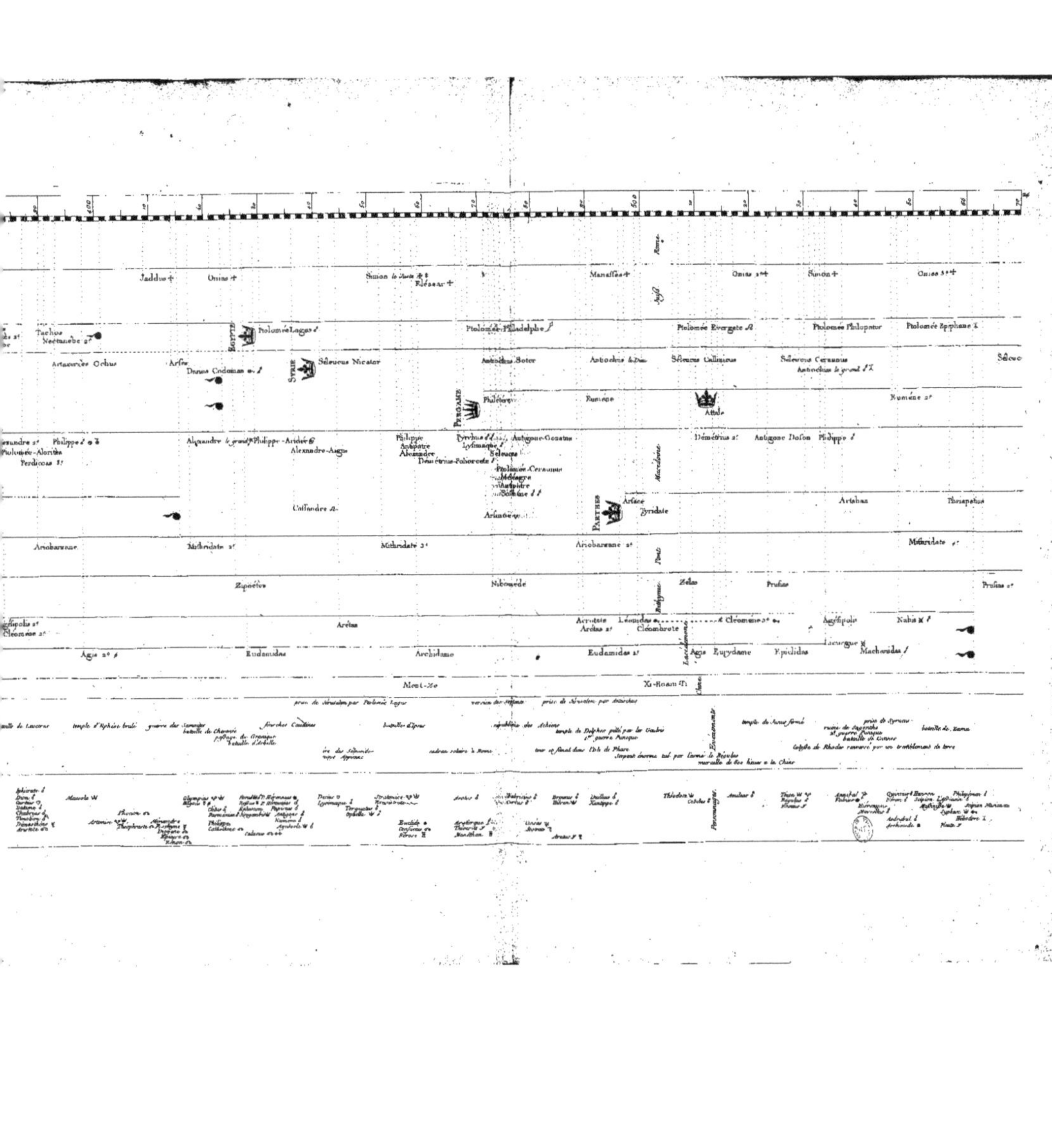

Rome
Jaddus
Onias
Simon le Juste
Eléasar
Manassés
Onias 3e
Simon
Onias 3e
Juifs
Tachos
Nectanebe 2e
Egypte
Ptolomée Lagus
Ptolomée Philadelphe
Ptolomée Evergete
Ptolomée Philopator
Ptolomée Epiphane
Artaxercès Ochus
Arsès
Darius Codoman
Syrie
Séleucus Nicator
Antiochus Soter
Antiochus le Dieu
Séleucus Callinicus
Séleucus Ceraunus
Antiochus le grand
Pergame
Philétère
Eumène
Attale
Eumène 2e
Philippe
Alexandre le grand
Philippe-Aridée
Alexandre-Aigus
Antipatre
Alexandre
Pyrrhus
Lysimaque
Antigone-Gonatas
Séleucus
Démétrius-Poliorcete
Ptolomée-Ceraunus
Méléagre
Antipatre
Sosthène
Démétrius 2e
Antigone Doson
Philippe
Macédoine
Cassandre
Arsinoé
Parthes
Arsace
Tyridate
Artaban
Phriapatius
Ariobarzane
Mithridate 2e
Mithridate 3e
Ariobarzane 2e
Mithridate 4e
Pont
Zipœtès
Nicomède
Zelas
Prusias
Prusias 2e
Bithynie
Cléomène 2e
Aréus
Acrotate
Léonidas
Aréus 2e
Cléombrote
Cléomène 3e
Agésipolis
Nabis
Lycurgue
Agis 2e
Eudamidas
Archidame
Eudamidas 2e
Agis
Eurydame
Epiclidas
Machanidas
Lacédémone
Mong-Tse
Xi-Hoam-Ti
Chine
Evénements
Personnages

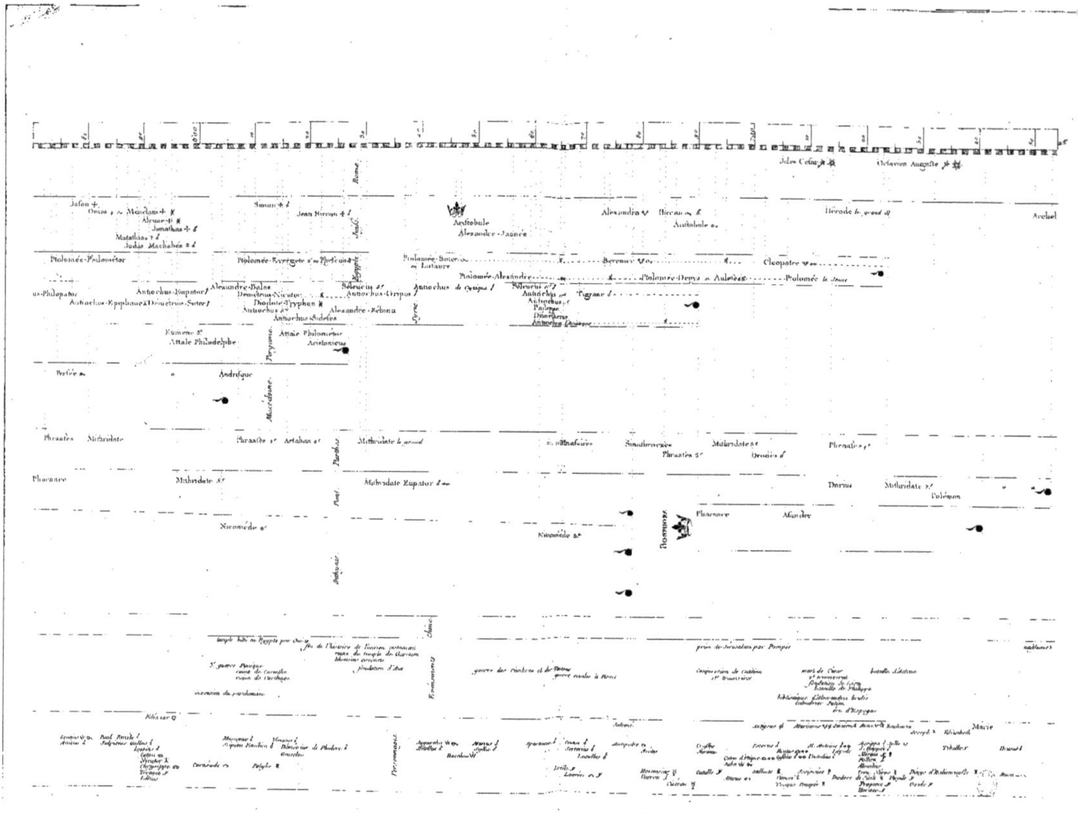

Jules César
Octavien Auguste

Rome

Jason
Onias
Ménélaus
Alcime
Jonathas
Matathias
Judas Machabée
Simon
Jean Hircan
Judée
Aristobule
Alexandre-Jannée
Alexandra
Hircan
Aristobule
Hérode *le grand*
Archel

Ptolomée-Philométor
Ptolomée-Evergète 2e ou Physcon
Égypte
Ptolomée-Soter ou Lathure
Ptolomée-Alexandre
Bérénice
Ptolomée-Denys ou Aulétès
Cléopatre
Ptolomée *le Jeune*

...us-Philopator
Antiochus-Epiphane
Antiochus-Eupator
Démétrius-Soter
Alexandre-Balès
Démétrius-Nicator
Diodote-Tryphon
Antiochus 6e
Antiochus-Sidètes
Séleucus 5e
Antiochus-Grypus
Alexandre-Zébina
Antiochus *de Cyzique*
Syrie
Séleucus 6e
Antiochus
Antiochus
Philippe
Démétrius
Antiochus *Asiatique*
Tigrane

Eumène 2e
Attale Philadelphe
Pergame
Attale Philométor
Aristonicus

Persée
Andrisque
Macédoine

Phraatès
Mithridate
Phraatès 2e
Artaban 2e
Parthes
Mithridate *le grand*
Mnaskirès
Sinatrocès
Phraatès 3e
Mithridate 3e
Orodès
Phraatès 4e

Pharnace
Mithridate 5e
Pont
Mithridate Eupator
Darius
Mithridate 2e
Polémon

Nicomède 2e
Bithynie
Nicomède 3e
Bosphore
Pharnace
Asander

Chine

temple bâti en Egypte par Onias
fin de l'histoire de l'ancien testament
ruine du temple de Garizim
3e guerre Punique
ruine de Corinthe
ruine de Carthage
fondation d'Aza
invention du parchemin
Evénements
guerre des Cimbres et des Teutons
guerre civile à Rome
prise de Jérusalem par Pompée
Conjuration de Catilina
1er triumvirat
mort de César
2e triumvirat
bataille de Philippe
bataille d'Actium
bibliothèque d'Alexandrie brûlée
calendrier Julien
ère d'Espagne
naissance

Eléazar

Carnéade
Polybe
Personnages
Archias
Catulle
Cicéron
Salluste
Virgile
Horace
Properce
Tibulle
Marie
Joseph
Elisabeth

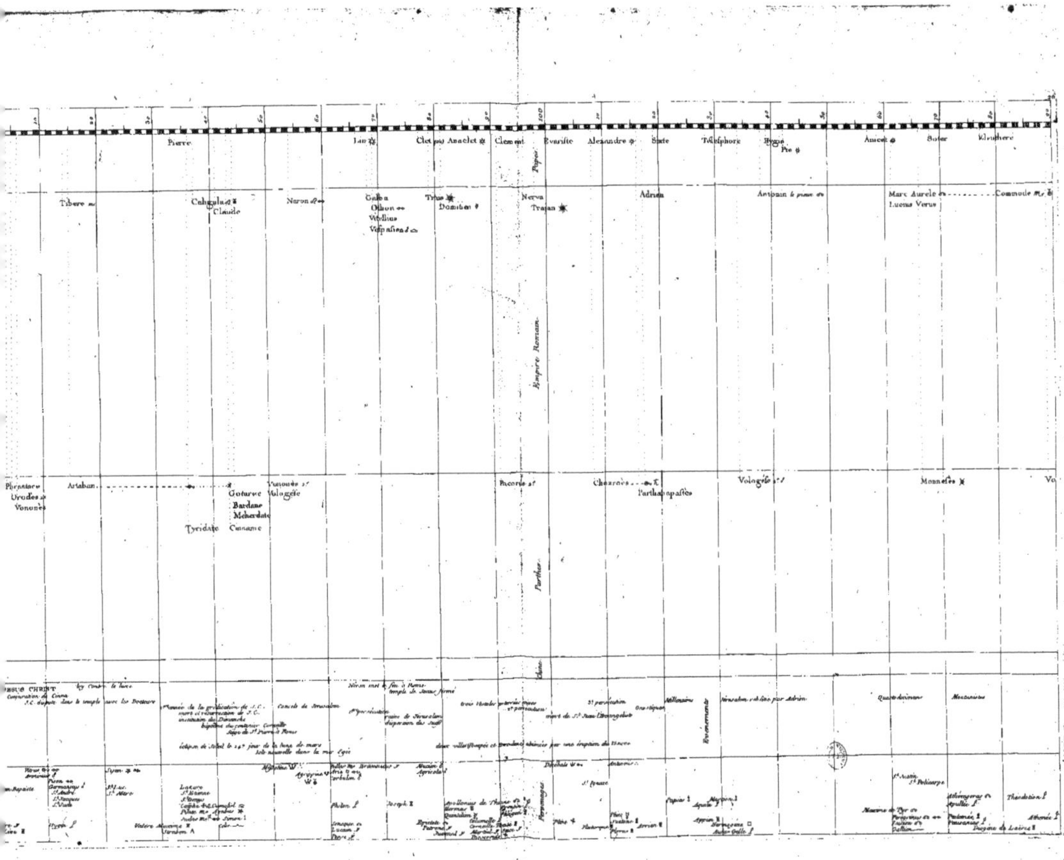

10 20 30 40 50 60 70 80 90 100 10 20 30 40 50 60 70 80 90

Papes

Pierre — Lin — Clet ou Anaclet — Clement — Evariste — Alexandre — Sixte — Telesphore — Hygin — Pie — Anicet — Soter — Eleuthere

Empire Romain

Tibere — Caligula — Claude — Neron — Galba — Othon — Vitellius — Vespasien — Tite — Domitien — Nerva — Trajan — Adrien — Antonin le pieux — Marc Aurele — Lucius Verus — Commode

Parthes

Phraates — Orodes — Vonones — Artaban — Gotarze — Bardane — Meherdate — Tyridate — Cinname — Vonones — Vologese — Pacorus — Chosroes — Parthamaspates — Vologese — Monneses — Vo

Chine

Evenements

JESUS CHRIST — Conjuration de Cinna — J.C. dispute dans le temple avec les Docteurs — 1re année de la prédication de J.C. — mort et résurrection de J.C. — Concile de Jérusalem — Neron met le feu à Rome — temple de Janus fermé — 1re persécution — ruine de Jérusalem — dispersion des Juifs — 2e persécution — mort de St Jean l'Evangéliste — 3e persécution — Gnostiques — Millenaires — Jérusalem rebâtie par Adrien — Quartodecimans — Montanistes

éclipse de Soleil le 14e jour de la lune de mars — deux villes Pompeï et Herculanum abîmées par une éruption du Vésuve

Personnages

Jean Baptiste — Lazare — St Marc — Philon — Joseph — Apollonius de Thyane — Hermas — Quintilien — Papias — Aquila — Arrien — St Justin — St Policarpe — Athenagoras — Apulée — Theodotion — Athenée — Pausanias — Diogène de Laërce — Lucien — Aulu-Gelle — Maxime de Tyr

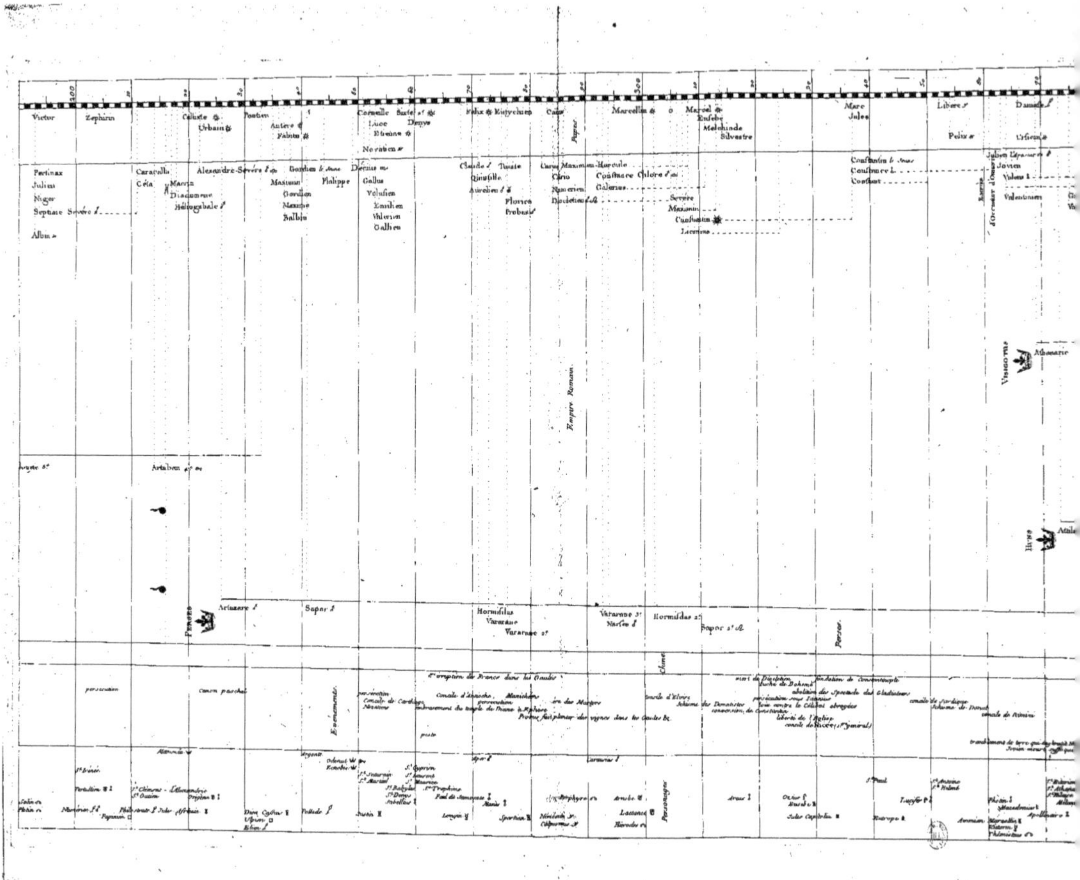

200 · 10 · 20 · 30 · 40 · 50 · 60 · 70 · 80 · 90 · 300 · 10 · 20 · 30 · 40 · 50 · 60 · 70

Papes

Victor · Zephirin · Caliste · Urbain · Pontien · Antere · Fabien · Corneille · Luce · Etienne · Novatien · Sixte 2e · Denys · Felix · Eutychien · Caius · Marcellin · Marcel · Eusebe · Melchiade · Silvestre · Marc · Jules · Libere · Felix · Damase · Ursicin

Empire Romain

Pertinax · Julien · Niger · Septime Sévère · Albin · Caracalla · Géta · Macrin · Diadumene · Héliogabale · Alexandre-Sévère · Gordien le Jeune · Maximin · Gordien · Maxime · Balbin · Philippe · Décius · Gallus · Volusien · Emilien · Valerien · Gallien · Claude · Quintille · Aurelien · Tacite · Florien · Probus · Carus · Carin · Numerien · Diocletien · Maximien-Hercule · Constance Chlore · Galerius · Sévère · Maximin · Constantin · Licinius · Constantin le Jeune · Constance · Constant · Julien l'Apostat · Jovien · Valens · Valentinien

Empire d'Occident

Visigoths: Athanaric

Huns: Atila

Artaban

Perses

Artaxare · Sapor · Hormisdas · Vararane · Vararane 2e · Vararane 3e · Narsès · Hormisdas 2e · Sapor 2e

Chine

Evenemens

persecution · Canon paschal · persecution · Concile de Carthage · Novatiens · 1re irruption des Francs dans les Gaules · Concile d'Antioche · Manichéens · persecution · embrasement du temple de Diane à Ephese · peste · ère des Martyrs · Probus fait planter des vignes dans les Gaules &c. · Concile d'Elvire · Schisme des Donatistes · conversion de Constantin · mort de Diocletien · Ruche de Bohême · persécution sous Licinius · lois contre le Célibat abrogées · liberté de l'Eglise · concile de Nicée (1er général) · fondation de Constantinople · abolition des Spectacles des Gladiateurs · concile de Sardique · Schisme de Donat · concile de Rimini · tremblement de terre · Jovien meurt

Personages

Alexandre · Argentée · Odenat · Zenobie · Sapor · Carausius · St. Irenée · Tertullien · St. Clement d'Alexandrie · St. Justin · Origene · Sabinus · Plotin · Minucius Félix · Papinien · Philostrate · Jules Africain · Dion Cassius · Ulpien · Elien · Palladius · Justin · St. Saturnin · St. Martial · St. Cyprien · St. Laurent · St. Maurice · St. Babylas · St. Denys · Sabellius · St. Trophime · Paul de Samosate · Longin · Manès · Spartien · Porphyre · Nemesien · Calpurnius · Arnobe · Lactance · Herodien · Arius · Osius · Eusebe · Jules Capitolin · St. Paul · Eutrope · St. Antoine · St. Hilarion · Lucifer · Photin · Ammien · Macedonius · Marcellin · Victorin · Themistius · Apollinaire · St. Athanase · St. Hilaire · Meletius

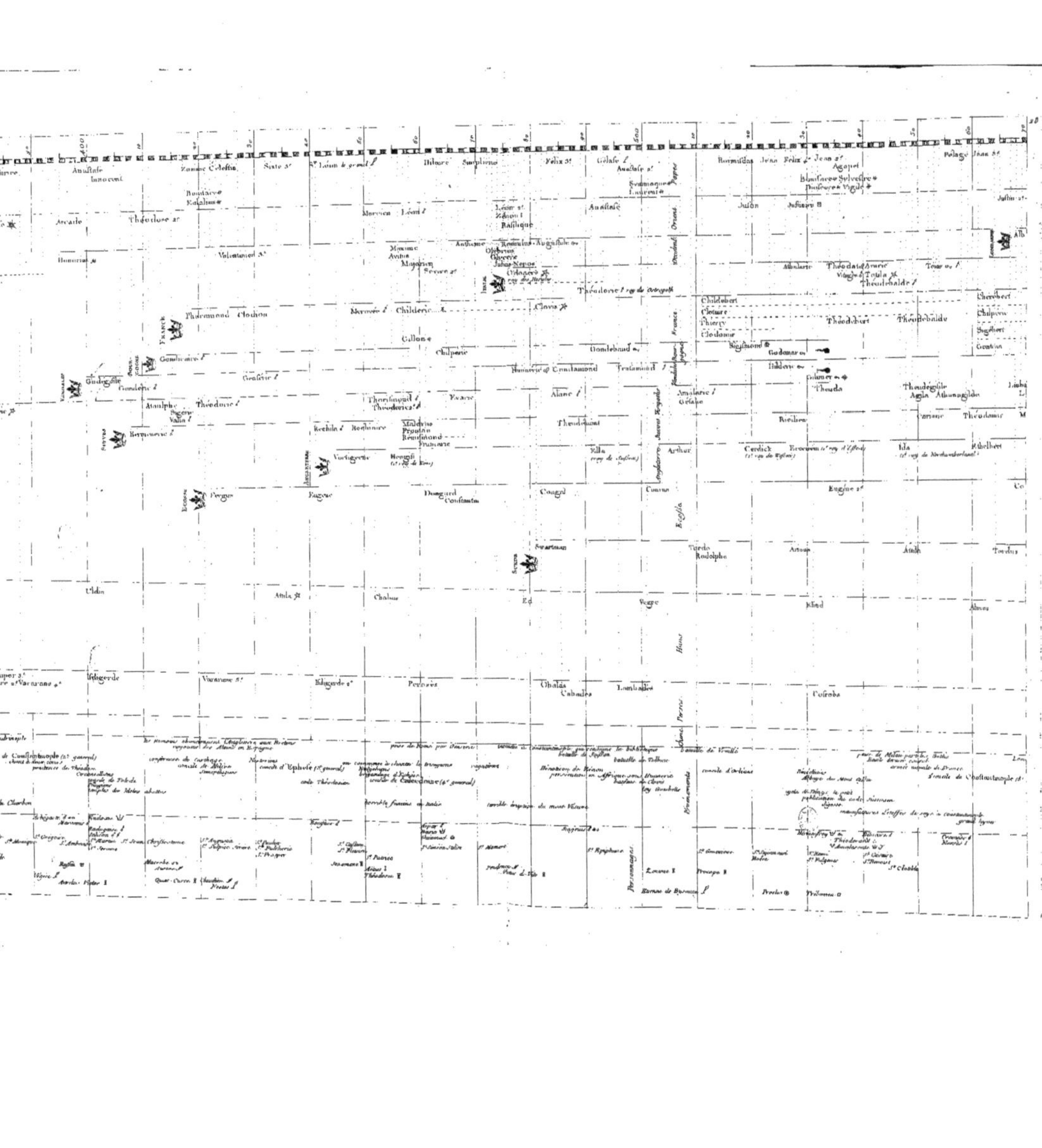

Anastase
Innocent
Zozime
Célestin
Sixte
Hilaire
Simplicius
Félix
Gélase
Hormisdas
Théodose
Honorius
Valentinien
Majorien
Clovis
Pharamond
Clodion
Childeric
Childebert
Clotaire
Thierry
Clodomir
Théodebert
Théodebalde
Gondebaud
Théodoric
Alaric
Cerdick
Fergus
Attila
Ed
Uldin
Pérozès
Cabades
Cosroès

580 · 590 · 600 · 610 · 620 · 630 · 640 · 650 · 660 · 670 · 680 · 690 · 700 · 710 · 720 · 730 · 740 · 750

Papes — Benoît · Pélage 2 · Grégoire le grand · Sabinien · Boniface 3 · Boniface 4 · Dieu Donné · Boniface 5 · Honorius I · Severin · Jean 4 · Théodore · Martin · Eugène · Vitalien · Adeodat · Domnus · Agathon · Léon · Benoît 2 · Jean 5 · Conon · Sergius · Jean 6 Jean 7 · Sisinnius · Constantin · Grégoire 2 · Grégoire 3 · Zacharie · Étienne

Orient — Tibère · Maurice · Phocas · Héraclius · Constantin · Héracléonas · Constant 2 · Constantin-Pogonat · Justinien 2 · Léonce · Apsimare Tibère · Philippique · Anastase · Théodose · Léon-Isaurien · Constantin-Copronyme

Lombardie — Clephus · Autharis · Agilulfe · Adaloalde · Arioalde · Rotharis · Rodoalde · Aribert · Gondebert · Grimoald · Garibald · Pertharite · Cunibert · Luitpert · Regimbert · Aribert 2 · Ansprand · Luitprand · Hildebrand · Rachis · Astolphe

France — Childebert · Clotaire le grand · Théodebert · Dagobert · Clovis 2 · St Sigebert · Cherebert · Clotaire 3 · Childeric 2 · Thierry · Dagobert · Clovis 3 · Childebert · Dagobert 2 · Thierry de Chelles · Chilperic-Daniel · Charles Martel · Childeric · Pepin

Visigoths — Leuvigilde · Récarède · Liuba 2 · Vitéric · Gondemar · Sisebut · Récarède 2 · Suintila · Sisenand · Tulga · Chintila · Chindasvind · Récesvind · Wamba · Ervige · Egica · Vitiza · Roderic · Eboric · Andeca · **Asturie** Pélage · Favila · Alphonse le Catholique · **Oviedo**

Angleterre — Uffa (1er roy d'Estangle) · Crida (1er roy de Mercie) · Redowald · Edwin · Saxburge · Ina

Écosse — Chinaule · Aidan · Conal · Clénet · Eugène 3 · Ferchard · Donald · Ferchard 2 · Maldouin · Eugène 4 · Eugène 5 · Amberkelet · Eugène 6 · Mordac · Etfinius

Danemarck — Gormo

Suède — Algotus · Godstage · Arthus · Hacon · Charles 4 · Charles 5 · Birger · Eric · Toron 3

Pologne — Lechus · Cracus · en Pologne · Lechus 2 · Venda

Huns — Arfachus

Califes — Mahomet · Abubécher · Omar · Osman · Mohavia · Hali · Hasen · Iezid · Abdimelec · Walid · Soliman · Omar 2 · Iezid 2 · Hiscam · Walid 2 · Iezid 3 · Ibrahim · Marvan · Abdalla Abujafar

Perses — Hormisdas 3 · Cosroès 2 · Siroès 2 · Adeser · Sarbarazas · Borane · Hormisdas 4 · Isdegerde 3

Événements — premier Exarque · duché de Spolète · duché de Bénévent · fondation de Ferrare · dispute sur le jour de la célébration de la Pâque · concile de Rome · Maires du palais · prise de Constantinople par les Abares · ère d'Isdegerde en Perse · invasion de l'Afrique par les Sarrasins · colosse de Rhodes détruit · Mahomet aidé du Sergius compose l'alcoran · usage des cloches · les Perses embrassent la foy · Héraclius vaincu par les Sarrasins · prise de Jérusalem par les Sarrasins · dédicace de Notre-Dame de la Rotonde · concile de Paris · ecthèse d'Héraclius · Type de Constant · Monothélites · Égire · renouvellement des erreurs d'Origène par Colluthus · peste avec des évènemens mortels · la foy prêchée aux Frisons · 6^e concile de Constantinople (6e général) · concile in Trullo · rois fainéants · conversion des Frisons par Boniface · siège de Constantinople par les Sarrasins · bataille de Xérès · bataille de Tours · abbaye de St Gal · iconoclastes · Romescot ou denier de St Pierre · abbaye de Fulde · fin de Cons…

Personnages — Prétextat · Brunehaut · Grégoire le Grand · Cassiodore · St Sylvain · Apollinaire · St Radegonde · Grégoire de Tours · St Gontran · St Augustin · St Jean Climaque · St Colomban · Jean le Jeûneur · Pepin le Vieux · St Isidore · St Arnoul · Sergius · Ebroin · St Léger · St Amand · St Ouen · St Eloi · Pepin · Muza · Tarik · Julien · Bède · St Willibrord · St Jean Damascène · Abdérame · Pepin · George Syncelle · St Boniface · St Carloman

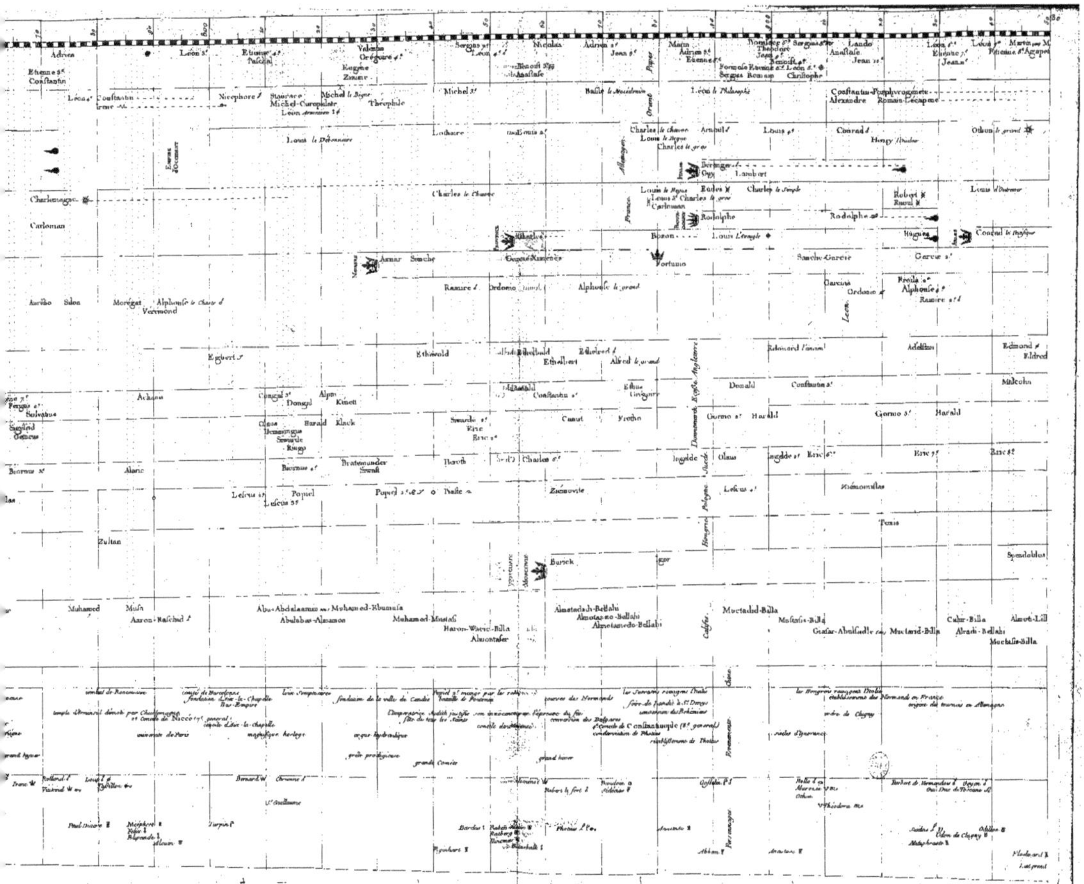

Adrien | Léon 3e | Etienne 4e | Pafchal | Valentin | Grégoire 4e | Eugène | Zizime | Sergius 2e | Léon 4e | Benoit 3e | Anaftafe | Nicolas | Adrien 2e | Jean 8e | Marin | Adrien 3e | Etienne 5e | Formofe | Boniface 6e | Sergius 3e | Théodore | Jean 9e | Benoit 4e | Léon 5e | Chriftophe | Lando | Anaftafe | Jean 10e | Léon 6e | Etienne 7e | Jean 11e | Léon 7e | Etienne 8e | Martin | Agapet

Etienne 3e | Conftantin

Léon 4e | Conftantin | Irene | Nicephore 1er | Stauraco | Michel-Curopalate | Michel le Bègue | Léon Arménien 1er | Théophile | Michel 3e | Bafile le Macédonien | Léon le Philosophe | Conftantin-Porphyrogenete | Alexandre | Romain-Lecapene

Louis le Débonnaire | Lothaire | Louis 2e | Charles le Chauve | Arnoul | Louis 4e | Conrad 1er | Henry l'Oiseleur | Othon le grand

Empire d'Occident

Louis le Bègue | Charles le gros | Beranger | Guy | Lambert

Charlemagne | Charles le Chauve | Louis le Bègue | Louis 3e | Charles le gros | Carloman | Eudes | Charles le Simple | Robert | Raoul | Louis d'Outremer

Carloman | Rodolphe | Rodolphe 2e | Boson | Louis l'Aveugle | Hugues | Conrad le Pacifique

Navarre | Aznar | Sanche | Garcie-Ximenès | Fortuno | Sanche-Garcie | Garcie 2e

Aurelio | Silon | Morégat | Alphonse le Chaste | Vermond | Ramire 1er | Ordonio 1er | Alphonse le grand | Garcias | Ordonio 2e | Froila 2e | Alphonse 4e | Ramire 2e

Allemagne | France | Léon

Egbert 1er | Ethelvold | Ethelbald | Ethelred | Ethelbert | Alfred le grand | Edouard l'ancien | Adelftan | Edmond 1er | Eldred

Danemarck | Ecosse | Angleterre

Achaius | Congal 3e | Dongal | Alpin | Kinett | Donald | Ethus | Grégoire | Donald | Conftantin 3e | Malcolm

Fergus 2e | Solvatus

Siegfrid | Gotricus | Olaus | Harald | Klack | Siwarde | Eric | Eric 2e | Canut | Frotho | Gormo 1er | Harald | Gormo 3e | Harald

Biornus 2e | Alaric | Biornus 4e | Bratemunder | Siwald | Regner | Charles 6e | Ingilde | Olaus | Ingelde | Eric 6e | Eric 7e | Eric 8e

Suède | Pologne

Lefcus 2e | Popiel | Lefcus 3e | Popiel 2e | Piafte | Ziemovite | Lefcus 4e | Ziemomiflas

Hongrie | Texis

Zultan | Bohême | Moravie | Borivoi | Spitigneu | Spandoblus

Muhamed | Mufa | Aaron-Rafchid 1er | Abu-Abdalaamus | Muhamed-Ebumufa | Abulabas-Almamon | Muhamed-Muftafi | Haron-Waric-Billa | Almontafer | Almatadah-Bellahi | Almotazeo-Bellahi | Almotamedo-Bellahi | Muctadid-Billa | Muftafis-Billa | Giafar-Abulfadle | Muctarid-Billa | Cahir-Billa | Abradi-Billa | Almoti-Lill | Moctafis-Billa

Califes

combat de Roncevaux | comte de Barcelone | fondation d'Aix-la-Chapelle | Bas-Empire | Léon l'empereur | fondation de la ville de Candie | Bataille de Fontenai | Pépin 2e mangé par les rats | courses des Normands | les Sarrasins ravagent l'Italie | foire de Landit à St Denys | les Hongrois ravagent l'Italie | établissement des Normands en France | origine des tournois en Allemagne

temple d'Irminful détruit par Charlemagne | 2e Concile de Nicée 7e general | concile d'Aix-la-Chapelle | l'Impératrice Judith | conversion des Bulgares | 8e Concile de Constantinople (8e general) | condamnation de Photius | rétablissement de Photius | ordre de Cluny

université de Paris | magnifique horloge | orgue hydraulique | siècle d'ignorance

grand hyver | grêle prodigieuse | grande Comète | grand hyver

Chine

Roland | Louis 1er | Pafchafe | Eginard | Bernard | Rabon-Maur | Hincmar | Photius | Robert le fort | Baudoin | Gifelin | Rollo | Herbert de Vermandois | Hugues | Theodora

Romanorum

St Guillaume

Paul Diacre | Alcuin | Turpin | Bertin | Rabert | Ratberg | Fortunat | Anaftafe | Abbon | Anafcaire | Odon de Cluny | Luitprand | Flodoard

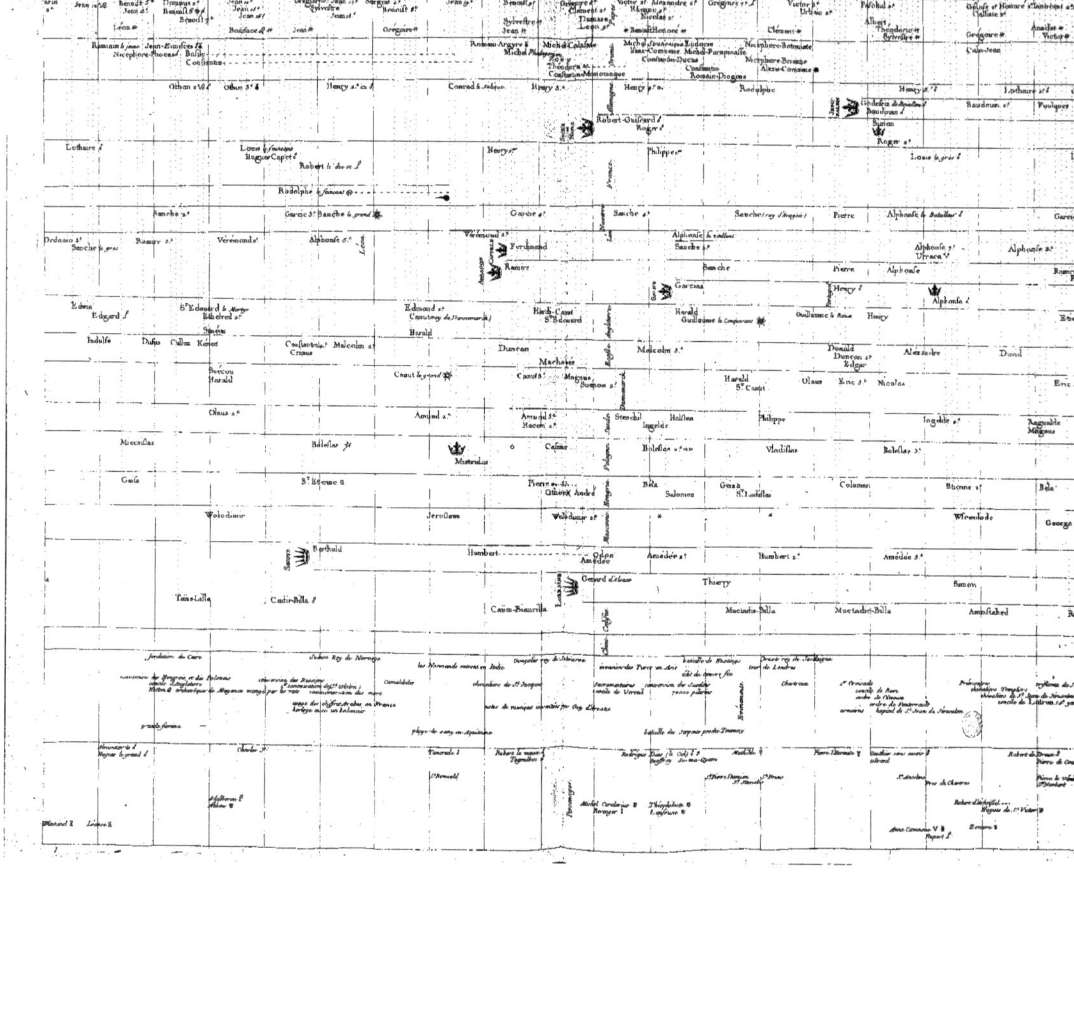

Othon
Henry
Conrad
Rodolphe
Robert-Guiscard
Lothaire
Hugues Capet
Philippe
Louis le gros
Sanche
Garcie
Ferdinand
Ramire
Alphonse
Pierre
Véremond
Ordonio
Edmond
Edgard
Harald
Duncan
Malcolm
Macbeth
Donald
Alexandre
David
Guillaume le Conquérant
Canut le grand
Magnus
Olaus
Eric
Nicolas
Amund
Stenchil
Halsten
Philippe
Ingelde
Miecislas
Boleslas
Casimir
Uladislas
Geisa
St Étienne
Pierre
André
Béla
Salomon
Coloman
Wolodimir
Jeroslaw
Berthold
Humbert
Amédée
Odon
Gérard d'Alsace
Thierry
Simon
Taïs-Lalla
Caïm-Biamrilla
Mostadher-Billa

60 | 80 | 70 | 80 | 90 | 1200 | 10 | 20 | 30 | 40 | 50 | 60 | 70 | 80 | 90 | 1300 | 10 | 20 | 30

Celestin 2. Luce 2. Eugene 3. Anastase 4. Adrien 4. Alexandre 3. Victor Paschal Callixte Innocent. Luce 3. Gregoire 8. Urbain 3. Celestin 3. Clement 3. Innocent 3. Papes. Honoré 3. Gregoire 9. Celestin 4. Innocent 4. Alexandre 4. Urbain 4. Clement 4. Gregoire 10. Innocent 5. Adrien 5. Jean 21. Nicolas 3. Honoré 4. Martin 4. Nicolas 4. Celestin 5. Boniface 8. Benoit 11. Clement 5. Jean 22. Nicolas 5.

Manuel. Alexis-Comnene. Andronic. Isaac Ange. Alexis Ange. Canabe. Alexis Murtzufle. Theodore Lascaris. Baudouin. Henry. Pierre. Robert. Jean-Ducas. Jean de Brienne. Baudouin 2. Theodore. Jean-Lascaris. Michel-Paleologue. Andronic. Ottoman. Andronic. Orchan.

Frederic Barberousse. Henry 6. Othon. Philippe le Souabe. Allemagne. Frederic 2. Guillaume. Conrad 4. Richard. Alphonse. Rodolphe d'Hapsbourg. Adolphe de Nassau. Albert d'Autriche. Henry 7 de Luxembourg. Louis de Baviere. Frederic d'Autriche.

Baudouin 3. Amauri. Baudouin 4. Baudouin. Guy de Lusignan. Jerusalem.

Guillaume. Guillaume 2. Tancrede. Frederic. Guillaume 3. Henry Empereur. Sicile et Naples. Conrad 4. Manfroy. Conradin. Charles d'Anjou. Pierre (roy d'Arragon). Frederic. Jacques d'Arragon. Charles le Boiteux. Robert.

Philippe Auguste. France. Louis 8. S. Louis. Philippe le Hardy. Philippe le Bel. Louis Hutin. Jean. Philippe le Long. Charles le Bel.

Sanche le Sage. Sanche le fort. Navarre. Thibaut. Thibaut 2. Henry. Jeanne. Philippe le Bel. Louis Hutin. Jeanne.

Ferdinand 2. Sanche 3. Alphonse 9. Castille. Henry. S. Ferdinand. Alphonse le Sage. Sanche 4. Ferdinand 4. Alphonse 11.

Raymond-Berenger. Raymond ou Alphonse. Pierre 2. Arragon. Jacques le Vainqueur. Pierre 3. Alphonse 3. Jacques 2. Alphonse.

Sanche. Portugal. Alphonse le gros. Sanche 2. Alphonse 3. Denys. Alphonse.

Henry Plantagenet. Richard Coeur de lion. Jean sans terre. Angleterre. Henry 3. Edouard 1. Edouard 2. Edouard.

Malcolm 4. Guillaume. Alexandre 2. Ecosse. Alexandre 3. Jean-Bailleul. Robert de Brus. D.

Suenon 3. Canut 5. Waldemar. Canut 6. Waldemar 2. Danemarck. Eric 6. Abel. Christophe. Eric 7. Eric 8. Christophe 2.

Suercher. S. Eric. Charles 7. Canut. Suercher 2. Eric. Suede. Jean. Eric le Begue. Waldemar. Magnus 2. Birger 2. Magnus.

Boleslas 4. Boleslas 5. Micislas. Casimir 2. Lescus 5. Uladislas 3. Pologne. Boleslas 5. Lescus 6. Boleslas. Premislas. Henry. Uladislas. Uladislas 5. Wenceslas 6.

Geisa 2. Etienne 3. Bela 3. Emeric. Ladislas 3. André 2. Hongrie. Bela 4. Etienne 4. Ladislas 3. André 3. Wenceslas. Othon. Charles Robert.

Dimitri. George. André. Jeroslaw. Moscovie. André. Michel. Daniel. S. Alexandre Nefski. Daniel 1er grand Duc. Geor.

Ottocare. Boheme. Wenceslas. Ottocare 2. Wenceslas 4. Wenceslas. Jean de Luxembourg. Rodolphe.

Humbert 3. Thomas. Savoye. Amédée 4. Boniface. Pierre. Philippe. Amédée 5. Edouard.

Simon 2. Ferri. Lorraine. Thibault. Mathieu 2. Ferri 3. Thibault 2. Ferri 3. Ro.

Almostanged. Almostadi. Nacerladin. Califes. Almostazen. Altacher. Abdala.

Guelphes et Gibelins. Chanoines reguliers de S. Dominique. Concile de Latran (11e general). Ordre des Chevaliers de l'Alcantara. Albigeois. Vaudois. Les Anglois s'emparent de l'Irlande. Fondation de Berne. Royaume de Chipre. Fondation de Riga. Concile de Latran (12e general). Chevaliers Teutons en Allemagne. Ordre de la Trinité. Inquisition. Empire de Trebisonde. Bataille de Navas de Tolosa. Bataille de Bouvines. Grandes Chartes des Anglois. Concile de Latran (4e general). Ordre de S. Dominique. Ordre de la Mercy. Ordre de S. François. Université de Padoue. Université de Salamanque. Université de Toulouse. Université de Vienne. Bataille de Taillebourg. Fondation de Stokolm. Republique de Florence. Concile de Lyon (13e general). Flagellans. Chapeau rouge des Cardinaux. Chevaliers de S. Lazare. Chambre des communes. Concile de Lyon (14e general). Vepres Siciliennes. Celestins. Irruption de Tartares. Conquête du pays de Galles par les Anglois. Bataille de Falkirk. Jubilé. Année d'abondance. 1re confederation des Suisses. Bataille de Morgarten. Chevaliers de S. Jean de Jerusalem à Rhodes. Concile de Vienne (15e general). Chevaliers de Christ en Portugal. Abolition de l'ordre des Templiers. Invention de la boussole par Flavio. Construction du Pont du S. Esprit. Papes à Avignon.

Suger. Eleonor. S. Bernard. Abailard. Lusignan. Arnaud de Bresce. Pierre Lombard. Lanfranc. Sommerset. Guillaume de Tyr. Fresnoi. Saladin. Phocas. Pierre de Blois. Ville Hardouin. Conrad de Monferrat. Lusignan. Amaury Dandolo. Montmorency. Blanche. Guerin. S. Dominique. S. François. Roger. Simon de Montfort. Personages. Thibault. Robert Sorbon. Vincent de Beauvais. Guillaume de S. Amour. Robert de Clermont. Joinville. S. Thomas d'Aquin. S. Bonaventure. Jean Duns Scot. Charles de Valois. Roger Bacon. Albert le grand. Marco Polo. Nogaret. Wallace. Raimond Lulle. Jean de Meun. Enguerrand de Marigny. Robert de Bethune. Arnaud de Villeneuve. Guillaume Tell.

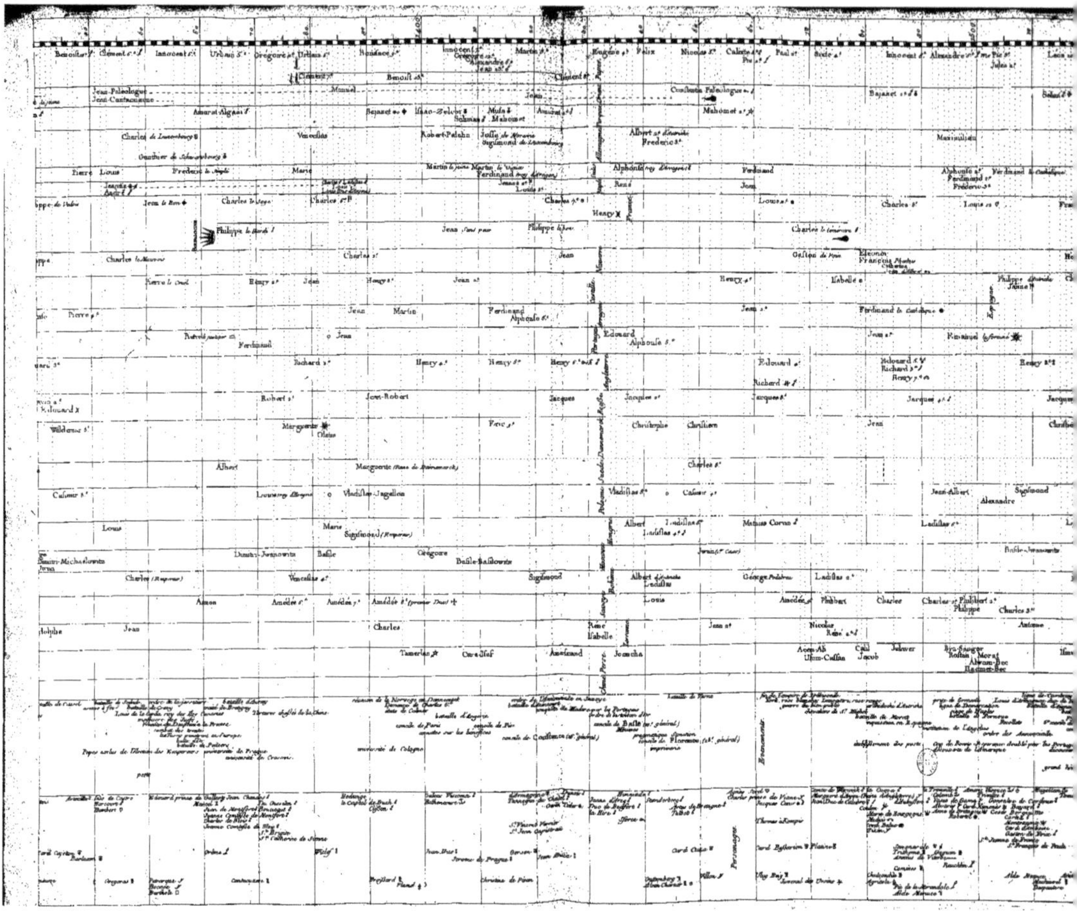

Benoist 13 · Clément 6 · Innocent 6 · Urbain 5 · Grégoire 11 · Urbain 6 · Boniface 9 · Innocent 7 · Grégoire 12 · Alexandre 5 · Jean 23 · Martin 5 · Eugène 4 · Félix · Nicolas 5 · Calixte 3 · Pie 2 · Paul 2 · Sixte 4 · Innocent 8 · Alexandre 6 · Pie 3 · Jules 2 · Léon

Clément 7 · Benoist 13 · Clément 8

Jean-Paléologue · Jean-Cantacuzène · Manuel · Jean · Constantin Paléologue · Bajazet 2

Amurat · Algasi · Bajazet · Isaac-Zelebi · Musa · Soliman · Mahomet · Amurat 2 · Mahomet 2 · Selim

Charles de Luxembourg · Venceslas · Robert-Palatin · Josse de Moravie · Sigismond de Luxembourg · Albert 2 d'Autriche · Frédéric 3 · Maximilien

Gonthier de Schwartzbourg

Pierre · Louis · Frédéric le Simple · Marie · Martin le jeune · Martin le Vieux · Ferdinand · Alphonse · René · Ferdinand · Alphonse 2 · Ferdinand · Frédéric · Ferdinand le Catholique

Jeanne · André · Jeanne 2 · Louis · Jean

Philippe de Valois · Jean le Bon · Charles le Sage · Charles 6 · Charles 7 · Henry · Louis 11 · Charles 8 · Louis 12 · François

Philippe le Hardi · Jean Sans peur · Philippe le Bon · Charles le Téméraire

Charles le Mauvais · Charles 3 · Jean · Gaston de Foix · Éléonor · François Phoebus · Catherine

Pierre le Cruel · Henry 2 · Jean · Henry 3 · Jean 2 · Henry 4 · Isabelle · Philippe · Jeanne

Pierre 4 · Jean · Martin · Ferdinand · Alphonse 5 · Jean 2 · Ferdinand le Catholique

Pierre · Ferdinand · Jean · Édouard · Alphonse 5 · Jean 2 · Emanuel le fortuné

Édouard 3 · Richard 2 · Henry 4 · Henry 5 · Henry 6 · Édouard 4 · Édouard 5 · Richard 3 · Henry 7 · Henry 8

Robert 2 · Jean-Robert · Jacques · Jacques 2 · Jacques 3 · Jacques 4 · Jacques · Édouard

Waldemar 3 · Marguerite · Olaüs · Éric · Christophe · Christiern · Jean · Christiern

Albert · Marguerite (Reine de Danemarck) · Charles 8

Casimir 3 · Louis · Hedwige · Vladislas-Jagellon · Vladislas · Casimir 4 · Jean-Albert · Alexandre · Sigismond

Louis · Marie · Sigismond (Empereur) · Albert · Ladislas · Mathias Corvin · Ladislas 6

Siméon · Demetri-Michaelowitz · Jean · Dimitri-Jeanowitz · Basile · Basile-Basilowitz · Jean · Basile-Jeanowitz

Charles (Empereur) · Venceslas · Sigismond · Albert d'Autriche · Ladislas · George Podiebrad · Ladislas 2

Amé · Amédée 6 · Amédée 7 · Amédée 8 (premier Duc) · Louis · Amédée 9 · Philibert · Charles · Charles 2 · Philibert 2 · Philippe · Charles 3

Jean · Charles · René · Isabelle · Jean 2 · Nicolas · René 2 · Antoine

Tamerlan · Cara-Jusef · Jouscha · Acem-Ali · Usum-Cassan · Calil · Jacob · Julwer · Ismaël · Rostan · Morad · Alvand-Bec · Hashmet-Bec

bataille de Poitiers · bataille d'Azincourt · bataille de Nicopolis · concile de Constance · concile de Pise · concile de Basle · concile de Florence · imprimerie · université de Cologne · Ordre de la Toison d'or · Ordre de la Jarretière · Louis de la Cerda roy des Isles Canaries · université de Prague · université de Cracovie · réunion de la Norwege au Danemarck · Papes assis dans Avignon · pape

Pétrarque · Boccace · Wiclef · Froissard · Jean Hus · Jérôme de Prague · Christine de Pisan · Gerson · Jeanne d'Arc · Duc de Bedford · Guttemberg · Pic de la Mirandole · Alde Manuce · Personnages · Événements

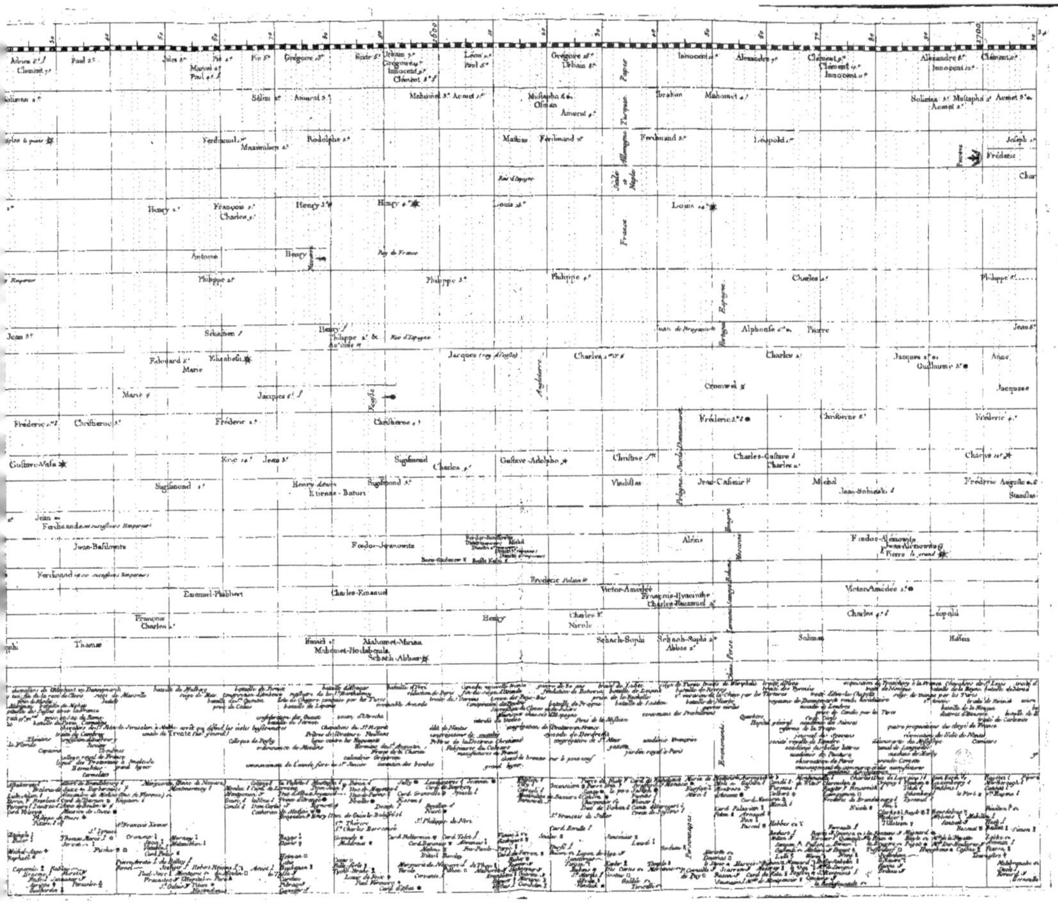

30 · 40 · 50 · 60 · 70 · 80 · 90 · 1600 · 10 · 20 · 30 · 40 · 50 · 60 · 70 · 80 · 90 · 1700 · 10

Adrien 6e · Clément 7e · Paul 3e · Jules 3e · Marcel 2e · Paul 4e · Pie 4e · Pie 5e · Grégoire 13e · Sixte 5e · Urbain 7e · Grégoire 14e · Innocent 9e · Clément 8e · Léon 11e · Paul 5e · Grégoire 15e · Urbain 8e · *Papes* · Innocent 10e · Alexandre 7e · Clément 9e · Clément 10e · Innocent 11e · Alexandre 8e · Innocent 12e · Clément 11e

Soliman 2e · Sélim 2e · Amurat 3e · Mahomet 3e · Acmet 1er · Mustapha & Osman · Amurat 4e · *Turquie* · Ibrahim · Mahomet 4e · Soliman 3e · Mustapha 2e · Acmet 2e · Acmet 3e

Charles le quint · Ferdinand 1er · Maximilien 2e · Rodolphe 2e · Mathias · Ferdinand 2e · *Allemagne* · Ferdinand 3e · Léopold 1er · *Prusse* · Joseph 1er · Frédéric

Roi d'Espagne · *Sicile et Naples* · Charles

François 1er · Henry 2e · François 2e · Charles 9e · Henry 3e · Henry 4e · Louis 13e · *France* · Louis 14e

Antoine · Henry · *Navarre* · *Roy de France*

Empereur · Philippe 2e · Philippe 3e · Philippe 4e · *Espagne* · Charles 2e · Philippe 5e

Jean 3e · Sébastien · Henry · Philippe 2e & Antoine · *Roi d'Espagne* · Jean de Bragance · *Portugal* · Alphonse 6e · Pierre · Jean 5e

Edouard 6e · Marie · Elizabeth · Jacques (roy d'Ecosse) · *Angleterre* · Charles 1er · Cromwel · Charles 2e · Jacques 2e · Guillaume 3e · Anne

Marie · Jacques 6e · *Ecosse* · Jacques

Frédéric 1er · Christierne 3e · Frédéric 2e · Christierne 4e · Frédéric 3e · *Suède et Dannemarck* · Christierne 5e · Frédéric 4e

Gustave-Vasa · Eric 14e · Jean 3e · Sigismond · Charles 9e · Gustave-Adolphe · Christine · Charles-Gustave · Charles 11e · Charles 12e

Sigismond 2e · Henry duc d'Anjou · Etienne-Batori · Sigismond 3e · Vladislas · *Pologne* · Jean-Casimir · Michel · Jean-Sobieski · Frédéric Auguste · Stanislas

Jean · Ferdinand et ses successeurs Empereurs · *Hongrie*

Iwan-Basilowitz · Fœdor-Iwanowitz · Fœdor-Borisowitz · Michel · Boris-Gudenow · Basile Kuski · Alexis · *Moscovie* · Fœdor-Alexiowitz · Iwan-Alexiowitz · Pierre le grand

Ferdinand et ses successeurs Empereurs · Frédéric Palatin

Emanuel-Philibert · Charles-Emanuel · Victor-Amédée · François-Hyacinthe · Charles-Emanuel 2e · *Savoye* · Victor-Amédée 2e

François · Charles 3e · Henry · Charles 3e · Nicole · *Lorraine* · Charles 4e · Léopold

Thamas · Ismaël 2e · Mahomet-Hodabende · Mahomet-Mirisa · Schach-Abbas · Schach-Sophi · Schach-Sophi 2e · Abbas 2e · *Perse* · Soliman · Hussein

chevaliers de l'Eléphant en Dannemarck · siège de Marseille · bataille de Mulberg · siège de Metz · bataille de St Quentin · prise de Calais · bataille de Dreux · conjuration d'Amboise · bataille de Lépante · massacre de la St Barthélemy · bataille d'Ivry · invincible Armade · Canada nouvelle France · guerre de 30 ans · fondation de Batavia · bataille de Prague · bataille de Lutzen · traité de Westphalie · traité des Pyrénées · traité d'Aix-la-Chapelle · bataille de la Boyne · concile de Trente · union d'Utrecht · édit de Nantes · congrégation de l'Oratoire en France · synode de Dordrecht · congrégation de St Maur · académie françoise · jardin royal à Paris · société royale de Londres · journal des Sçavans · quatre propositions du clergé de France · révocation de l'édit de Nantes

St François Xavier · St Ignace · St Thérèse · St Charles Borromée · St Philippe de Néri · Card. Bellarmin · Card. Richelieu · Card. Mazarin · Descartes · Pascal · Hobbes · Cromwel

20 30 40 50 60 70 80 90 1800

Pape
Innocent 13.e Clement 12.e Benoist 14.e
Benoist 13.e

Turque
Mahomet 5.e

Allem.
Charles 6.e Charles Albert *de Baviere*
François Etienne *de Lorraine*

Prusse
Frederic Guillaume Charles Frederic

Sicile et Naple
les 2.e Charles 6.e

France
Louis 15.e

Espagne
Louis Ferdinand 6.e

Portugal
Joseph

Angleterre
George George 2.e

Dannemarck
Christiern 6.e Frederic 5.e

Suede
Ulrique
Frederic Adolphe Frederic

Pologne
Frederic Auguste

Hongrie
Marie

Moscovie
Catherine Jwan
Pierre 2.e Elizabeth
Anne

Boheme
Marie
Charles Albert *Empereur*

Savoye
Charles Emmanuel 3.e
Roy de Sicile *Roy de Sardaigne*

Lorraine
François 2.e Stanislas

Perse
Thamas
Maghmud Mirza Abbas
Aszraff Thamas Koulikan ou Sçah Nadir

Chine

Evénements
Altranstad *royaume de Suede declaré électif*
combat de Denain *prise d'Oran*
du parlement d'Ecosse à celui d'Angleterre
taille de Plutova
gethetet
bataille de Villa-Viciosa
traité d'Utrech
traité de Rastad
siege de Barcelonne
constitution Unigenitus
concile d'Embrun
and hiver
peste de Marseille
bataille de Fontenoy
bataille de Culloden
révolution de Genes
Stathouderat héréditaire
traité d'Aix-la-Chapelle
académie de chirurgie

Personnages
Philippe d'Orleans *Topal-Osman* *Turgot*
Du Gue Trouin *Konigsek* *Comte de Saxe*
Berwick
Villars
Bonneval
d'Argenson
Quesnel *Card. Polignac* *Calmet*
Basnage *Tournemine*
Massillon *du Guet*
Fleury *Stalh* *B. Picart*
Abbadie *Swift* *de Vertot*
Leibnitz *Addisson* *Baron* *la Mothe Houdart*
Mde Dacier *Girardon* *Boerhaave* *Pope* *Mde du Châtelet*
la Fare *le Clerc* *Geoffroy* *Rollin* *Follard* *Bolingbroke*
Chaulieu *Newton* *Daniel* *Rousseau*

Cornouet sculp.

www.ingramcontent.com/pod-product-compliance
Ingram Content Group UK Ltd.
Pitfield, Milton Keynes, MK11 3LW, UK
UKHW021039230726
13926UKWH00004B/1559